노동학총서 5

공공부문 임금체계

−현황과 개편방향−

고려대학교 노동문제연구소
이종선 · 장재규 · 최용희

백산서당

발간사

　문재인 정부는 2017년 12월 공공부문 정규직 전환 대상이었던 「5개 특수직종에 대한 직무급 임금체계 표준모델(안)」을 발표하는 등 공공기관 내 직무급 임금체계 개편을 위해 노력하고 있다. 공공기관에서의 직무급 도입은 우리나라 임금체계의 근본적인 전환을 의미하기 때문에 상당한 연구와 검토가 요구된다.

　이 연구는 정부의 '공공기관의 합리적 보수체계 표준모델(안)'에 대한 검토 및 분석을 통해 기본급 및 생애 총임금의 안정성을 높이는 방향으로 직무급 임금체계 내에 연공성과 숙련 정도를 반영하되, 임금의 상한선과 하한선에 대한 사회적 동의 및 공감대 속에서 임금체계 개편을 추진할 것을 주장한다. 직무급 임금체계 전환에 앞서 연공급 호봉제 임금체계에서 나타나고 있는 공공기관 간, 기관 내부 임금 편차 해소를 위한 정책 방안도 제시하고 있다. 또한, 사회적 대화 기구인 공공기관위원회 산하에 '공공기관 임금체계개편연구회' 및 공운위 산하에 '임금평가기구(Pay Review Bodies)'를 설치·운영하는 방안을 제안하고 있다.

　경제사회노동위원회 산하 공공기관위원회는 지난 11월 18일 노사정 합의문을 통해 "직무 중심 임금체계 개편은 획일적·일방적 방식이 아닌 기관별 특성을 반영하여 개별 공공기관 노사 합의를 통해 자율적·단계적으로 추진"한다는 원칙을 발표하였다. 이와 관련 공공기관의 직무급 중심 임금체계 개편은 이해 관계자 간 사회적 대화와 합의에 기초해서 추진해야 한다는 점을 강조하고자 한다. 이해 당사자 간 대화와 합의만이 임금체계 개편을 둘러싼 사회적 행위자의 동의를 끌어내고 공공기관 내 노사갈등을 피할 수 있기 때문이다.

끝으로 이 연구는 전국공공산업노동조합연맹이 노동문제연구소에 의뢰한 연구프로젝트에 기초한 것으로서 이 자리를 빌려 공공노련 박해철 위원장님과 연구진, 그리고 총서 발간을 위해 힘써준 백산서당에도 깊은 감사의 말씀을 전한다. 아무쪼록 이 연구가 향후 공공기관 임금체계의 전환 논의와 공공부문 노사관계 발전에 큰 도움이 되기를 기대한다.

2020. 12. 20
고려대학교 노동문제연구소장
박지순

차 례

발 간 사_3

1. 서 론 ·· 15

   제1절 문제 제기_17
   제2절 연구 내용 및 방법_22

2. 공공기관 임금체계 ··· 25

   제1절 공공기관 유형 및 특성_27
      1. 공공기관 유형_27
      2. 공공기관 특성 _34
   제2절 공공기관 임금체계 및 현황_38
      1. 공공기관 임금체계_38
      2. 공공기관 임금체계 현황 _42
   제3절 공공기관 임금체계의 문제점_50

3. 임금체계 현황 분석 ··· 53

제1절 A공사의 사례_55
1. 기관 조직현황 및 개요_55
2. 직급 및 승진체계_58
3. 임금체계 및 임금 수준_68
4. 직무기반 임금체계 개편 관련 상황 분석_92

제2절 B공사의 사례_96
1. 기관 조직 현황 및 개요_96
2. 직급 및 승진체계_100
3. 임금체계 및 임금수준_114
4. 직무기반 임금체계 개편 관련 상황 분석_135

제3절 공공기관 임금체계 개편 관련 설문조사 분석_140

제4절 소 결_144

4. 공공부문 임금체계 개편 ·· 147

제1절 공공부문 임금체계 개편 방향_149

제2절 새만금개발공사 임금설계(안) 분석 및 평가_153
1. 새만금개발공사 임금설계(안)의 주요 특징_153
2. 새만금개발공사 임금설계(안) 평가_167

제3절 정부 공공부문 임금체계 개편 논의의 문제점과 개편 방향_172
1. 현 정부 임금체계 개편방향의 주요 특징 및 문제점_172
2. 공공부문 임금체계 개편 방향_177

5. 결 론 ·· 181

참고문헌_187

찾아보기_189

표 차 례

<표 2-1> 공공기관 유형 (2018년 10월 현재) ···30
<표 2-2> 공기업(시장형, 준시장형) 주무기관 및 기관명 (2018년 10월 현재) ······31
<표 2-2> 준정부기관 주무기관 및 기관명 (2018년 10월 현재) ··················32
<표 2-4> 공공기관 임직원(임원·정규직) 현황 ··34
<표 2-5> 공공기관 고용구조 (2018년 2/4분기) ···35
<표 2-6> 공공기관 노동조합 결성 현황 (2017년 1/4분기) ···························36
<표 2-7> 공공기관 노동조합 현황 ···37
<표 2-8> 공공기관 직원 평균보수 (2017년 12월 현재) ·································38
<표 2-9> 공공기관 부처별 보수 (2015년 현재) ··39
<표 2-10> 공공기관 유형별 임금형태에 따른 비중 (2015년 말 정규직 기준) ·····41
<표 2-11> 기관 유형별 보수체계 현황 (2016년 현재) ···································45
<표 2-12> 고용형태별 보수체계 현황 (2016년 현재) ····································45
<표 2-13> 호봉제 유형 (직급/단일 구분) (2016년 현재) ·······························47
<표 2-14> 직급별 호봉제 유형 (고용형태별) (2016년 현재) ··························47
<표 2-15> 호봉승급 상한 유무 및 현황 (2016년 현재) ·································48
<표 2-16> 호봉승급에 따른 임금인상 효과 ··49
<표 2-18> 5개 주요 전환직종 전환 규모와 직무등급 ···································51
<표 2-19> 직무등급·승급단계별 최소 승급 소요연수와 최저임금 대비 임금률 ····52
<표 3-1> 고용형태별 정원 및 인원 현황 ···56
<표 3-2> 노동조합 현황 (2018년 3/4분기 기준) ···58
<표 3-3> 직급별 정원 및 현원 ···59
<표 3-4> 직군·직렬·직종의 분류 ···60
<표 3-5> 직급 및 호칭 분류표 ···63
<표 3-6> 승진 소요 최저 연수 ···68
<표 3-7> 임금의 구성내용 ···69

<표 3-8> 직급별 임금구성 비율 (임금총액 기준) ······70
<표 3-9> 1직급(갑)~3직급 기본연봉액 ······71
<표 3-10> 4직급~5직급의 기본연봉표 ······71
<표 3-11> 6직급・청원경찰 기본연봉표 ······72
<표 3-12> 기본연봉 사정 기준표 ······74
<표 3-13> 경력환산 기준표 ······74
<표 3-14> 기본연봉 추가조정 기준 ······75
<표 3-15> 승진 시 기본연봉 조정기준 ······76
<표 3-16> 수당의 종류 및 지급기준 ······76
<표 3-17> 능력 및 전문성 부문의 연봉가급 지급기준 및 포인트 ······77
<표 3-18> 6직급・별정직・청경의 연봉가급 지급기준 ······80
<표 3-19> 연봉 외 수당 지급액 ······81
<표 3-20> 성과급 지급 시기 및 지급 방법 ······82
<표 3-21> 내부성과급/경영평가성과급 지급기준 ······83
<표 3-22> 내부성과급/경영평가성과급 지급기준 및 비율 ······84
<표 3-23> 실・부(팀)장 또는 직(팀)원의 직무를 수행하는 직원의 직무급 ······84
<표 3-24> 연구・전문 및 교수 직무를 수행하는 직원의 직무급 ······85
<표 3-25> 직무급 차등운영에 관한 세부사항 ······86
<표 3-26> 임원의 연봉내역 (2017년 결산) ······87
<표 3-27> 정규직 직원 평균보수 ······89
<표 3-28> 직급별 임금밴드 (연급여) (2018년 12월 현재) ······90
<표 3-29> 상대적 임금격차(연봉) ······91
<표 3-30> 고용형태별 정원 및 인원 현황 (2018년 9월 30일 현재) ······97
<표 3-31> 노동조합 현황 (2018년 3/4분기 기준) ······99
<표 3-32> 직급별 정원 및 현원 (2018년 9월 30일 현재) ······101
<표 3-33> 직원신규채용 시 직급결정 기준표 ······103
<표 3-34> 일반 직원의 직급별 직위 및 직군, 직렬 ······105
<표 3-35> 일반 직원의 직급 명칭 ······105
<표 3-36> 업무 직원의 직군, 직렬, 직무 구분 ······106

<표 3-37> 업무 직원의 직급 명칭 ···107
<표 3-38> 직급별 보직 현황 (2018년 11월 현재) ·······································108
<표 3-39> 승진체계 ··110
<표 3-40> 일반직 직급별 인원구성과 최소 승진연한 (2018년 11월 현재) ··········112
<표 3-41> 무기계약직 인원구성과 최소 승진연한 (2018년 11월 현재) ············113
<표 3-42> 직급별 연봉등급표 ··115
<표 3-43> 직급별 임금구성 비율 ···116
<표 3-44> 1~2급 직원 기본연봉 범위표 ··117
<표 3-45> 3~5급 직원과 6급 사무직·기술직 직원 기본연봉표 ······················117
<표 3-46> 6급 기능직 직원 기본연봉표 ···119
<표 3-47> 무기계약직의 직무별 임금수준 ··120
<표 3-48> 기간제 근로자 기본월봉표 ···121
<표 3-49> 일반직원 부가급여 지급항목 및 지급기준 ·····························122
<표 3-50> 무기계약직(업무직원) 부가급여 지급항목 및 지급기준 ···········124
<표 3-51> 기간제 근로자 부가급여 지급항목 및 지급기준 ····················125
<표 3-52> 내부성과급 ···126
<표 3-53> 경영평가성과급 ··127
<표 3-54> 임원의 연봉내역 (2017년 결산) ··128
<표 3-55> 정규직 직원 평균보수 (2017년 12월 기준) ···························130
<표 3-56> 무기계약직 직원 평균보수 (2017년 12월 기준)) ···················131
<표 3-57> 직급별 임금밴드 (연급여) (2018년 8월 현재) ·······················133
<표 3-58> 직급별 중첩율 ··135
<표 4-1> 수직적 직무분류 체계 ···154
<표 4-2> 직무등급별 직무 ··154
<표 4-3> 1, 2차 직무평가 요소 비교 ···157
<표 4-4> 2차 직무평가 요소 및 비중 ··158
<표 4-5> 기본급 인상 방안 ··166

그 림 차 례

[그림 2-1] 기관별 평균보수 및 최고·최저 보수차이 (2015년 현재) ················40
[그림 2-2] 공공기관 유형별 임금형태에 따른 비중 ····································41
[그림 3-1] 4직급-5직급 임금밴드 ··72
[그림 3-3] 임원의 연봉내역 비율 (2017년 결산) ···88
[그림 3-3] 정규직 평균보수 및 고정·실적 수당의 항목별 비율 (2017년도) ·····89
[그림 3-4] 직급별 임금밴드 (고정급 기준) ··91
[그림 3-6] 상대적 임금격차 (총액기준) ··92
[그림 3-7] 직급별 정원 및 현원 ··102
[그림 3-8] 직급별 임금구성 비율 (임금총액 기준) ····································116
[그림 3-9] 3~5급 직원과 6급 사무직·기술직 직원 임금밴드 ··················118
[그림 3-10] 6급 기능직 직원 임금밴드 ···119
[그림 3-11] 임원 연봉 내역 비율 ··129
[그림 3-12] 정규직 평균보수 및 고정·실적 수당의 항목별 비율 (2017년 기준) ·130
[그림 3-13] 무기계약직 직원 평균보수 및 고정·실적 수당의 항목별 비율 (2017년도 결산) ··132
[그림 3-14] 직급별 임금밴드) ··134
[그림 3-15] 임금체계 개편에 관한 동의 여부 설문 결과 ·························140
[그림 3-16] 임금체계 개편과 관련한 직무분석 여부 ·································141
[그림 3-17] 임금체계개편 직무급 도입에 관한 인식 또는 현장분위기 설문결과 ··142
[그림 3-18] 임금체계 개편 시 가장 주요하게 고려되어야 할 사항 ···················142
[그림 4-1] 직무급 임금체계 ··150
[그림 4-2] 새만금개발공사 보수구조 ···160
[그림 4-3] 등급별 하한액-상한액 설정 ···162
[그림 4-4] 승급 인상률 ··163
[그림 4-5] 임금밴드 설계(안) ··164

공공부문 임금체계

−현황과 개편방향−

고려대학교 노동문제연구소
이종선 · 장재규 · 최용희

1 서론

제 1 절

문제 제기

최근 공공기관 임금체계 개편 및 직무급 임금체계 도입에 대한 논의가 공공기관 노사관계의 새로운 쟁점으로 떠오르고 있다. 문재인 정부의 공공기관 직무급 임금체계 개편 논의는 이명박 정부와 박근혜 정부의 임금체계 개편 시도와는 또 다른 성격을 띠고 있다. 이명박 정부와 박근혜 정부의 임금체계 개편은 기존 임금체계 내에서 기본 연봉의 단순화와 성과급제의 도입 및 확대, 직무급제 도입 시도로 요약할 수 있다(박준식 외, 2018). 특히 박근혜 정부는 공공부문의 성과연봉제 적용 범위를 4급 이상으로 크게 확대하고 기본연봉 인상률 차등과 성과연봉 비중 확대 및 임금피크제 도입을 시도했다. 하지만 이러한 임금체계 개혁 시도는 공공기관 노동조합의 거센 반발을 가져왔으며, 박근혜 정부의 조기 몰락과 함께 실패로 귀결되었다.

반면 촛불 혁명으로 등장한 문재인 정부의 공공기관 임금체계 개편 논의는 이전 정부와 조금 다른 맥락에서 출발하고 있다. IMF 경제위기를 기점으로 한 이전 정부의 공공부문 임금체계 개편 시도가 대체로 IMF에 의해 위로부터 강요된 신자유주의적 구조개혁의 맥락에서 이루어졌다면, 문재인 정부의 임금체계 개편 논의는 바로 이러한 IMF 경제위기가 빚어놓은 한국사회의 양극화와 사회적 불평등을 어떻게 해결할 것인가 하는 문제의식에 기초하고 있다(이종선, 2002).

세월호 사건을 시작으로 '이게 나라냐'라는 한마디로 요약된 촛불 혁명 구호와 시대정신은 문재인 정부에게 '나라다운 나라'의 건설, 사회 양극화와 불평등 해소 그리고 더 많은 양질의 일자리 제공을 통한 인간다운 삶의 제공과 노동존중사회 실현이라는 과제를 부여했다. 이러한 사회경제적 배경과 맥락에서 문재인 정부는 IMF 이후 심화되어온 노동시장의 양극화와 소득불평등을 어떻게 해소해 나갈 것인가 하는 정책대안의 모색 과정에서 비정규직의 정규직 전환과 새로운 일자리 창출을 국정의 최우선 과제로 설정했다.

먼저 IMF 경제위기 이후 심화되어 온 사회 양극화와 불평등 해소를 위해 노동시장 구조의 양극화와 소득 불평등을 낳고 있는 비정규직의 정규직 전환이 최대 이슈로 떠올랐다. 비정규직과 정규직으로 양분된 이중 노동시장 구조는 소득 불평등을 낳고 소득 불평등은 재벌을 중심으로 한 부의 대물림과 함께 사회계층 간 소득 격차로 이어져 주거, 교육, 건강 불평등 등으로 확대되었다. 그 결과 한국사회는 미국과 이스라엘 등과 함께 사회 불평등이 가장 심한 OECD 국가의 하나로 지목되고 있다(OECD, 2017). 이에 따라 노동계와 학계뿐만 아니라 정치계 안에서도 우리 사회의 양극화와 불평등 해소하기 위해서는 비정규직의 정규직 전환과 함께 소득 격차를 줄일 수 있는 정책 대안으로서 '동일가치 노동, 동일임금'이라는 정책 대안을 모색하게 되었다. 하지만 파편화되고 분절화된 이중 노동시장 구조 내에서 '동일가치노동 동일노동'의 정책 프레임은 그 이론적 정당성에도 불구하고 현실적 정책 대안으로 적용하기까지는 많은 어려움을 안고 있다.

공공기관의 임금체계 개편 논의의 출발도 바로 이러한 공공기관 내 비정규직의 정규직 전환과 함께 나타났다. 문재인 정부의 '공공기관 비정규직 제로 시대' 선언은 공공기관 내 비정규직 노동의 정규직 전환 방법을 둘러싼 다양한 논의와 함께 당장 정규직 전환자들에 대한 임금체계를 어떻게 설정할 것인가 하는 어려운 정책과제를 안겨주었다. 공공기관 내 비정규직 노동의 정규직 전환과 함께 예상된 연공급 임금체계(호봉제) 적용에 따른 정부재정 및 예산 부담을 어떻게 최소화할 것인가 하는 문제가 초미의 정책 관심사가 되었다. 이와 함께, 공공기관 간 및 공공기관 내 임금 격차 해소, 공공부문 동일가치노동 동일임금 실현, 과도한 사회 인적자원의 공공기관 편중, 공공부문과 공공기관에 대한 사회의 부정적 여론(예, 공무원 철밥통) 등 모든 임금체계 관련 정책 사항들이 논의의 중심으로 떠오르고 있다. 요컨대 공공기관 비정규직의 정규직 전환은 사회적 차별 해소와 양질의 일자리 확대라는 긍정적 측면과 함께 정부재정 및 예산 부담이라는 부정적 측면이 공존하고 있다.

문재인 정부는 2017년 12월 공공부문의 정규직 전환 일자리에 적용하기 위한 「5개 특수직종에 대한 직무급 임금체계 표준모델(안)」을 발표한 데 이어 최근에는 전체 공공기관 내 직무급 임금체계 도입 논의로 확대하고 있다. 하지만 정부의 공공기관 임금체계 개편 논의는 그동안 기획재정부를 중심으로 이루어져 지금까지 지속해온 신자유주의적 패러다임에서 벗어나지 못한 채 이전 정부의 임금체계 개편 논의의 연장선에서 이루어지고 있다는 점에서 우려를 낳고 있다. 공공기관의 임금체계 개편이 모든 개혁의 핵심인 것처럼 여론이 형성되고 연공급 호봉제 폐지와 직무급 임금체계로의 전환만이 유일한 대안인 것처럼 논의가 이루어지고 있다.

하지만 공공기관의 임금체계 전환과 직무급 도입 논의는 가까운 일본의 사례에서 볼 수 있듯이 임금체계 패러다임의 근본적인 전환을 의미하기 때문에 더 많은 연구와 검토가 필요하다. 특히 임금체계는 나라마다 고유의 제도적 역사성을 갖고 있으므로 단번에 새로운 임금체계로 전환한다는 것은 불가능할 뿐만 아니라 기존 임금체계의 혼란만을 가중할 가능성이 크다. 무엇보다 최근 국내 경기의 둔화와 각종 고용지표의 악화, 이에 따른 문재인 정부에 대한 지지율이 하락하고 있는 가운데 이루어지고 있는 공공기관 임금체계 개편 논의는 개혁의 동력이 되어야 할 공공기관마저 노사갈등의 소용돌이에 빠짐으로써 문재인 정부의 전체 개혁 동력을 크게 약화할 가능성이 점차 커지고 있다.

이 연구는 지금까지의 직무급 중심 공공부문 임금체계 개편 논의 및 쟁점을 체계적으로 분석 검토하고, 나아가 공공부문 노동자 권익과 합리적인 임금체계를 위한 정책을 제시함으로써 향후 공공기관 노사관계 발전 방향을 모색하고자 한다. 특히 이 연구는 2018년도 하반기 기획재정부가 추진하고 있는 직무급을 중심으로 한 공공부문 임금체계개편과 관련하여 정부의 「공공기관의 합리적 보수체계 표준모델(안)」 및 임금체계개편 추진절차 등에 대한 문제점을 분석하고 합리적인 대안을 제시하는 데 목적이 있다.

공공기관은 조직 및 업무특성, 인적구성이 매우 다양하고 현재 보수체계도 기관별로 고유한 특성이 있는바 공공기관의 보수체계 운용에 대한 기본방향과 기관 유형별 표준모델(안)을 제공하여 각 공공기관이 기관의 특성을 반영한 보수체계로 노·사간 자율적인 협의를 통해 개편해 나갈 필요가 있다. 따라서 이 연구는 정부에서 제시하는 「공공기관의 합리적 보수체계 표준모델(안)」에 대한 학술적인 검토 및 분석을 통해 공공부문 노동자의 정당한 권익을 보장함과 동시에 공공부문의 보상체계를 합리화할 수 있는 정책 대안을 모색하고, 이를 통해 공공기관 임금체계의 현실적인 발전방안을 제시하는 데 목적이 있다.

제 2 절

연구 내용 및 방법

이 연구는 공공기관 임금체계 개편 논의를 중심으로 다음 몇 가지 점을 중점적으로 살펴본다. 첫째, 지금까지 진행된 '직무급을 중심으로 한 공공부문 임금체계 개편'에 관한 연구들을 체계적으로 검토한다. 이 연구에서는 임금체계 개편 방향에서 제시하고 있는 동일노동 동일임금 원칙 하에서의 임금 공정성을 높일 수 있는 주요 이슈(① 직급 내 및 직급 간 이슈, ② 직종 간 이슈, ③ 직군 간 이슈)를 검토한다. 또한 임금체계 개편의 전제조건으로 제시하고 있는 방안(처우 수준 하락방지 방안 마련, 현실적·점진적·장기적인 접근 필요성, 사업장 내 노사협치에 기반을 두고 있는 임금체계 개편) 등에 대해 분석한다.

둘째, 주요 공공기관 임금체계 및 현황 그리고 현재 추진 중인 직무기반 인사평가제도 운영현황에 대해 분석한다. 특히 이 연구에서는 직무급 도입의 전제조건이 될 수 있는 직무분류, 직제, 인사평가제도 등에 대한 운영현황 및 문제점에 대해 검토한다. 이를 위해 이 연구에서는 정부 부처 기준(국토교통부, 산업통상자원부 등)으로 대표성 있는 기관인 한국전력공사, LH공사 등을 주요 사례로 선정하여 임금체계 현황에 대한 체계적 분석 및 직무급 체계 개편에 대한 기관 차원에서의 준비 정도 및 도입 여건에 대해 살펴본다.

셋째, 현재 기획재정부가 추진하고 「공공기관의 합리적 보수체계 표준모델(안)」 연구 및 보수체계 개편 지침 및 기준에 대해 심층적으로 분석한다. 특히 현재 기재부가 진행 중인 「공공기관 보수체계 표준모델(안)」 구조 및 특징을 분석하고 이를 토대로 보수체계 표준모델(안)의 이론적, 실무적 문제점, 임금체계 개편 추진절차 등에 대한 문제점을 제시한다.

마지막으로, 기획재정부의 「보수체계 개편 표준모델(안)」에 대한 분석 결과를 바탕으로 향후 공공기관의 임금체계 개편 방향과 공공기관 간 및 공공기관 내 임금 격차 해소를 위한 합리적 보수체계 개편을 위한 정책 방안 및 합리적 보수체계 개편을 위한 정책 추진 로드맵을 제시한다.

이를 위해 이 연구에서는 우선 공공기관 임금체계 관련 연구보고서들을 체계적으로 분석하고, 공공기관 임금체계에 관한 내부 자료 등 각종 통계 자료를 활용하여 분석했으며, 끝으로 공공기관 노동조합 간부와 전문가를 대상으로 설문조사 및 두 차례에 걸쳐 포커스그룹인터뷰(FGI)를 실시했다.

2

공공기관 임금체계

제 1 절

공공기관 유형 및 특성

1. 공공기관 유형

「공공기관의 운영에 관한 법률(제4조)」에 의하면 공공기관이란 정부의 투자·출자 또는 정부의 재정지원 등으로 설립·운영되는 기관으로서 일정 요건에 해당하여 기획재정부장관이 매년 지정한 기관을 의미한다. 이러한 명확한 공공기관에 관한 정의에도 불구하고 사실 공공부문과 민간부문 사이의 구분은 모호하여 어떤 경우는 중간에 제3 섹터[1] 영역을 포함하여 구분하기도 한다. 또한 공공기관은 나라마다 혹은 관점과 법률에 따라 다양하게 정의되고 분류되고 있어 UN, OECD 등 국제기구에서는 통일된 기준을 마련하고자 다각도로 노력을 기울여 왔다. 이에 따라 공공부문은 대체로 정부의 지배 및 통제 여부와 시장성 유무

---

[1] 제3섹터에는 정부정책의 효과적인 수행을 위해 정부 조직과 독립되어 설립된 공공조직뿐 아니라 민간부문 중에서 비영리기관 그리고 영리를 추구하는 기업들까지도 포함된다. 이들 조직은 정부로부터 다양한 형태의 보조금을 받거나 정부와 계약을 맺으면서 공적 기능을 수행한다(최대식, 2018: 4).

등에 따라 일반정부 부문과 공기업으로 구분하고 있으나 공공부문의 명확한 구분은 여전히 모호한 실정이다.

그럼에도 공공부문과 민간부문을 구분하는 핵심적인 요소는 '공공성'과 '정부의 통제 여부'이다. 우선 '공공성'은 이에 대한 정의와 그 구성요소에 따라 여러 형태의 분류방식과 접근법이 존재하지만 간략하게 정치・경제적 권위, 소유와 지배, 생산하는 재화나 서비스의 공공적 가치에 기초하여 설명할 수 있다(최대식, 2018). 이러한 '공공성' 개념과 더불어 두 번째 핵심적인 요소는 '정부의 지배 및 통제 여부'에 기초한 분류인데 이에 따르면 공공부문은 정부가 직접 소유하거나 특별 법령과 규제 또는 임원의 임면권 등을 통해 통제받는 분야라 할 수 있다. 대체로 이러한 '공공성' 및 '정부의 지배 및 통제 여부'에 기초하여 민간부문과 공공부문을 구분하고 있다. 결론적으로 공공부문은 공공성을 지향하며 국가 또는 지방자치단체가 소유하거나 통제하는 법률적・사회적 실체라고 정의할 수 있다.[2]

공공부문은 민간부문과 여러 가지 다른 특징을 가지고 있는데 최대식(2018)은 다음과 같이 정리하고 있다. 우선 공공부문은 공공의 이익을 추구하는 것이 설립목적이므로 이윤 개념과는 거리가 있다. 또한 공급하는 재화나 서비스가 시장에서 독점적 지위를 차지하는 경우가 많으므로 시장경쟁의 원리가 제한적으로 적

---

[2] IMF, Government finance statistics manual 2014, 2014, p.13; 최대식((2018)에서 재인용

용된다. 이러한 이유로 생산성과 효율성 및 고객서비스 질에 있어서 최선을 다하지 않는 경향이 있으며 민간기업에 비해 비효율적으로 운영될 개연성이 높고 정치적 영향에서 자유롭지 못하다는 지적을 받는다. 또한 노동조합 활동 자체가 제한적으로 이루어지며 쟁의행위를 통한 실력행사보다는 정부·국회 등을 상대로 한 정치적 활동에 더 집중된다.

현재 한국에서는 「공공기관의 운영에 관한 법률」에서 정한 바대로 <표 2-1>과 같이 공공기관으로 분류하고 있다. 우선, 시장성 유무에 따라 공기업과 준정부기관을 구분한다. 공기업은 기업이라는 제도 단위에 해당되지만 정부의 지배를 받는 공공기관 유형이고, 준정부기관은 비영리라는 제도 단위 속성을 지니고 있지만 정부에 포함되어 운영되는 공공기관이라고 할 수 있다.

우선, 공기업은 직원 정원이 50인 이상이고, 자체수입원이 총수입액의 1/2 이상인 공공기관 중에서 기획재정부 장관이 지정한 기관이다. 공기업은 시장형 공기업과 준시장형 공기업으로 나뉘는데 시장형 공기업은 자산규모가 2조 원 이상이고, 총 수입액 중 자체 수입액이 85% 이상인 공기업이다. 준시장형 공기업은 시장형 공기업이 아닌 공기업을 말한다. 또한 공기업은 설립 주체에 따라 국가공기업[3]과 지방공기업[4]으로 구분되며 조직

---

3) 국가공기업은 「정부기업예산법」에 의하여 기업형태로 운영되는 정부기업, 「책임운영기관의 설치·운영에 관한 법률」에 의한 책임운영기관 중 기업형태를 띤 기관, 「공공기관의 운영에 관한 법률」에서 정한 공기업 등이 있다.

형태에 따라 정부부처형태 공기업, 주식회사형태 공기업, 공사형태 공기업으로 분류할 수 있다.

<표 2-1> 공공기관 유형 (2018년 10월 현재)

구 분		내 용
공기업		직원 정원이 50인 이상이고, 자체수입원이 총 수입액의 2분의 1 이상인 공공기관 중에서 기획재정부 장관이 지정한 기관
	시장형	자산규모가 2조원이상이고, 총 수입액 중 자체 수입액이 85% 이상인 공기업
	준시장형	시장형 공기업이 아닌 공기업
준정부기관		직원 정원이 50인 이상이고, 공기업이 아닌 공공기관 중에서 기획재정부장관이 지정한 기관
	기금관리형	국가재정법에 따라 기금을 관리하거나, 기금의 관리를 위탁받은 준정부기관
	위탁집행형	기금관리형 준정부기관이 아닌 준정부기관
기타공공기관		공기업, 준정부기관이 아닌 공공기관

자료: 공공기관 경영정보 공개시스템, 2018. 10. 16.

다음으로 준정부기관은 직원 정원이 50인 이상이고, 공기업이 아닌 공공기관 중에서 기획재정부장관이 지정한 기관이며 기금관리형 준정부기관과 위탁집행형 준정부기관으로 나뉜다. 기금

---

4) 지방공기업은 지방자치단체가 설립하거나 투자한 공기업으로서 지방직영기업(상수도, 하수도), 지방공사(지하철, 도시개발사업), 지방공단 등으로 세분화할 수 있다.

관리형 준정부기관은 국가재정법에 따라 기금을 관리하거나 기금의 관리를 위탁받은 공공기관을 칭하며 위탁집행형 준정부기관은 기금관리형 준정부기관이 아닌 공공기관을 통칭하고 있다.

이밖에도 공기업과 준정부기관이 아닌 공공기관을 기타공공기관으로 분류하고 있다.

한국의 공공기관은 2018년 10월 현재, 공기업 35개, 준정부기관 93개, 기타공공기관 210개를 모두 합친 338개 기관이 지정되어 있다. 공기업 중 시장형 공기업은 한국가스공사, 인천국제공항공사 등 15개 기관, 준시장형 공기업은 한국조폐공사, 한국도로공사 등 20개 기관이 존재한다. 준정부기관은 기금관리형과 위탁집행형이 각각 16개, 77개 기관이 존재하며 여기에는 근로복지공단, 한국고용정보원 등이 속한다.5)

<표 2-2> 공기업(시장형, 준시장형) 주무기관 및 기관명 (2018년 10월 현재)

구분		주무기관	기관명
공기업	시장형 공기업 (15)	산업통상자원부	한국가스공사, 한국광물자원공사, 한국남동발전(주), 한국남부발전(주), 한국동서발전(주), 한국서부발전(주), 한국석유공사, 한국수력원자력(주), 한국전력공사, 한국중부발전(주), 한국지역난방공사, 주식회사 강원랜드
		국토교통부	인천국제공항공사, 한국공항공사
		해양수산부	부산항만공사

---

5) 이밖에도 준정부기관의 위탁집행형 기관과 기타 공공기관에 속해 있는 부속기관이 각각 4개사와 19개사가 존재한다.

준시장형 공기업 (20)	기획재정부	한국조폐공사
	문화체육관광부	그랜드코리아레저(주)
	농림축산식품부	한국마사회
	산업통상자원부	㈜한국가스기술공사, 대한석탄공사, 한국전력기술(주), 한전KDN(주), 한전KPS(주)
	국토교통부	제주국제자유도시개발센터, 주택도시보증공사, 한국감정원, 한국도로공사, 한국수자원공사, 한국철도공사, 한국토지주택공사
	해양수산부	여수광양항만공사, 울산항만공사, 인천항만공사, 해양환경공단
	방송통신위원회	한국방송광고진흥공사

자료: 공공기관 경영정보 공개시스템, 2018. 10. 16.

<표 2-3> 준정부기관 주무기관 및 기관명 (2018년 10월 현재)

구분		주무기관	기관명
준정부기관	기금관리형 준정부기관 (16)	교육부	사립학교교직원연금공단
		문화체육관광부	국민체육진흥공단, 영화진흥위원회, 한국문화예술위원회, 한국언론진흥재단
		산업통상자원부	한국무역보험공사, 한국원자력환경공단
		보건복지부	국민연금공단
		고용노동부	근로복지공단
		중소벤처기업부	기술보증기금, 중소기업진흥공단
		금융위원회	신용보증기금, 예금보험공사, 한국자산관리공사, 한국주택금융공사
		인사혁신처	공무원연금공단
	위탁집행형 준정부기관 (77)	기획재정부	한국재정정보원
		교육부	한국교육학술정보원, 한국장학재단
		과학기술부	(재)우체국금융개발원, (재)한국우편사업진흥원, 우체국물류지원단, 정보통신산업진흥원, 한국과학창의재단, 한국방송통신전파진흥원, 한국연구재단, 한국인터넷진흥원, 한국정보화진흥원, 재단법인 연구개발특구진흥재단
		외교부	한국국제협력단

부처	기관
문화체육관광부	국제방송교류재단, 한국콘텐츠진흥원, 아시아문화원, 한국관광공사
농림축산식품부	농림수산식품교육문화정보원, 농림식품기술기획평가원, 축산물품질평가원, 한국농수산식품유통공사, 한국농어촌공사
산업통상자원부	대한무역투자진흥공사, 한국가스안전공사, 한국광해관리공단, 한국디자인진흥원, 한국산업기술평가관리원, 한국산업단지공단, 한국석유관리원, 한국세라믹기술원, 한국에너지공단, 한국에너지기술평가원, 한국전기안전공사, 한국전력거래소
복지부	건강보험심사평가원, 국민건강보험공단, 사회보장정보원, 한국노인인력개발원, 한국보건복지인력개발원, 한국보건산업진흥원
환경부	국립공원관리공단, 국립생태원, 한국환경공단, 한국환경산업기술원
고용노동부	한국고용정보원, 한국산업안전보건공단, 한국산업인력공단, 한국장애인고용공단
여성가족부	한국청소년상담복지개발원, 한국청소년활동진흥원
국토교통부	한국교통안전공단, 국토교통과학기술진흥원, 한국국토정보공사, 한국시설안전공단, 한국철도시설공단
해양수산부	선박안전기술공단, 한국수산자원관리공단, 해양수산과학기술진흥원, 한국해양수산연수원
행정안전부	한국승강기안전공단
중소벤처기업부	중소기업기술정보진흥원, 소상공인시장진흥공단
공정거래위원회	한국소비자원
방송통신위원회	시청자미디어재단
원자력안전위원회	한국원자력안전기술원
보훈처	독립기념관, 한국보훈복지의료공단
식품의약품안전처	한국식품안전관리인증원
경찰청	도로교통공단
소방방재청	한국소방산업기술원
산림청	한국임업진흥원, 한구간림복지진흥원
농촌진흥청	농업기술실용화재단
특허청	재단법인 한국특허전략개발원
기상청	한국기상산업기술원

자료: 공공기관 경영정보 공개시스템, 2018. 10. 16.

2. 공공기관 특성

공공기관의 임원 및 정규직 현원은 2018년 2/4분기 현재 306,541명이며 그중 공기업이 122,105명으로 가장 많은 수를 차지하고 있다.

<표 2-4> 공공기관 임직원(임원·정규직) 현황   (단위 : 명)

	2013	2014	2015	2016	2017	2018 (2/4)
전체	263,232	267,622	274,240	235,641	297,821	306,541
공기업	111,936	112,249	113,935	117,688	121,874	122,105
시장형	51,824	53,155	55,027	57,392	59,614	59,387
준시장형	60,112	59,337	58,908	60,296	62,261	62,718
준정부기관	73,240	75,624	77,179	81,014	85,204	88,943
기금관리형	18,596	19,211	19,499	20,127	21,360	22,265
위탁집행형	54,644	56,413	57,680	60,887	63,844	66,678
기타공공기관	78,056	79,506	83,127	86,939	90,743	95,493

자료: 공공기관 경영정보 공개시스템, 2018. 10. 16

<표 2-5>에 나타나 있는 공공기관의 고용구조를 살펴보면 정규직이 65.67%로 가장 많은 비율을 차지하며 파견, 용역, 사내하도급 등의 소속 외 인력도 18.59%를 차지해 그 비중이 상당히 높음을 알 수 있다. 반면 무기계약직과 비정규직은 각각 9.29%, 6.27%로 그 비율이 낮다는 것을 확인할 수 있다.

<표 2-5> 공공기관 고용구조 (2018년 2/4분기)   (단위 : 명, %)

구분			공기업		준정부기관		기타공공기관 (210+19)[2]	총원	비율
			시장형 (15)	준시장형 (20)	기금관리형 (16)	위탁집행형 (77+4)[1]			
상임임원[3]		현원	76.00	104.00	83.00	230.00	350.00	843.00	0.18
정규직[4]		정원	63,244.00	66,559.00	23,790.00	70,142.13	105,239.00	328,974.13	
		현원	59,310.63	62,613.83	22,181.88	66,448.44	95,143.37	305,698.15	65.67
무기계약직[5]		정원	288.00	7,580.40	4,956.23	13,125.13	23,100.64	49,050.40	
		현원	226.50	7,251.01	3,755.05	10,562.40	21,451.92	43,246.88	9.29
비정규직	기간제	전일제	992.00	2,876.00	1,361.00	3,371.00	15,406.40	24,006.40	5.16
		단시간	27.43	175.53	56.26	101.28	2,095.22	2,455.72	0.53
		기타	-	1,379.00	7.00	210.38	1,083.03	2,679.41	0.58
소속 외 인력[6]			34,544.50	21,456.00	2,742.25	9,358.00	18,441.50	86,542.25	18.59
총원			95,177.06	95,855.37	30,186.44	90,281.50	153,971.44	465,471.81	100
비율			20.45	20.59	6.49	19.40	33.08	100	

자료: 공공기관 경영정보 공개시스템. 2018. 11. 23

주: 1) 2) 부속기관 수, 3) 임원(기관장, 이사, 감사) : 법령 또는 기획재정부로부터 승인·통보 받은 정원 기준. 4) 정규직 : 인원·무기계약직 등을 제외한 인력(자사 및 해외조직에서 근무 중인 직원 포함), 임용 후 인력을 기준으로 작성. 5) 무기계약직 : 계약이 무기한으로 정년이 보장되는 근로자로, 비정규직에서 전환된 인력과 무기계약직으로 직접 채용한 인력. 6) 소속 외 인력 : 공공기관이 직접 고용하지 않고 파견·용역·사내하도급 등의 형태로 타 업체(용역업체·파견업체) 소속이면서 동 기관에 근무하는 인력.

* 기타 사항: 정규직·무기계약직의 경우 임금피크제 별도정원, 탄력정원을 포함하였으나, 인턴 등 임용 전 인력은 제외되며 수습 직원도 임용 후 수습 인력만 해당됨. 또한 인원수는 소수점 이하는 반올림하였으며 비율은 소수점 둘째 자리까지 구함.

공공기관의 노동조합은 2017년 1/4분기 기준으로 단일노조 결성기관은 193개, 복수노조가 결성된 기관은 55개이다. 공기업과 기금관리형 준정부기관은 모두 노동조합이 존재하며 기타공공기관의 92개 기관과 위탁집행형 준정부기관의 13개 기관은 노동조합이 없거나 노동조합 정보를 공시하고 있지 않다.

<표 2-6> 공공기관 노동조합 결성 현황 (2017년 1/4분기) (단위: 개)

유형	단일노조	복수노조	노조 없음/미공시	합계
공기업 (시장형)	8 (57.1%)	6 (42.9%)	0 (-)	14
공기업 (준시장형)	13 (61.9%)	8 (38.1%)	0 (-)	21
준정부기관 (기금관리형)	12 (75.0%)	4 (25.0%)	0 (-)	16
준정부기관 (위탁집행형)	47 (61.0%)	15 (22.1%)	13 (16.9%)	75
기타공공기관	113 (50.0%)	22 (9.3%)	92 (40.7%)	227
전체	193 (54.5%)	55 (15.8%)	105 (29.7%)	353

주: * KDI 국책대학원 미공시로 제외
자료: 박태주 외(2019: 77)

공공기관의 노동조합 고용형태별 조직률은 <표 2-7>과 같다. 전체 조직률을 보면 공기업과 준정부기관은 모두 70% 이상의 조직률을 기록하고 있는데 기타공공기관의 경우는 조직률이 41.1%로 낮은 것을 알 수 있다. 고용형태별로 정규직의 경우 공기업과 준정부기관의 조직률은 모두 70%를 웃돌고 있고 이에 반해 기타공공기관의 경우는 49.2%로 상대적으로 낮은 조직률을 나타내고 있다. 무기계약직은 시장형 공기업의 경우 35.7%로 다른 형태의 공공기관보다 가장 낮은 조직률을 나타내고 있다. 비정규직의 경우 전체 조직률이 9.1%에 불과한 것으로 볼 때 공공기관 노동조합이 비정규직 조직화에 성과를 거두지 못하고 있으며, 이는 비정규직의 목소리를 대변하는 기관으로서 노동조합이 제 역할을 하지 못하고 있음을 보여준다.6)

<표 2-7> 공공기관 노동조합 현황 (단위 : 명, %)

	정규직		무기계약직		비정규직		전체	
	조합원수	조직률	조합원수	조직률	조합원수	조직률	조합원수	조직률
공기업(시장형)	39,779	73.8	46	35.7	1	0.1	39,826	72.3
공기업(준시장형)	47,070	77.5	2,396	80.3	1,944	34.7	51,410	74.2
준정부기관 (기금관리형)	16,027	79.6	1,304	80.3	13	0.8	17,344	74.3
준정부기관 (위탁집행형)	46,319	78.0	4,167	72.9	372	7.3	50,858	72.4
기타공공기관	44,521	49.2	6,938	53.4	1,129	4.6	52,588	41.1
전체	193,716	68.1	14,851	63.4	3,459	9.1	212,026	61.3

자료: 박태주 외(2019: 80)

---

6) 특히 시장형 공기업의 경우 비정규직 인원이 996명(공공기관 경영정보 공개시스템, 2017 자료)인데 비해 비정규직 조합원이 1명(2017 자료)으로 조사되었다. 조합원수가 턱없이 작은 것에 대해 추후에 원인을 분석해야 할 것이다.

제 2 절
공공기관 임금체계 및 현황

1. 공공기관 임금체계

1) 임금수준

한국 공공기관의 임금은 민간부문과 다르게 공공기관운영위원회의 심의·의결을 거쳐 결정된다. 기획재정부는 매년 공기업·준정부기관 예산편성지침을 통해 물가상승률, 민간부문 임금상승률, 공무원 보수인상률 등을 고려하여 공공기관의 총인건비 인상률을 정하고 이를 공표한다. 공공기관의 직원 평균보수는 <표 2-8>에 나타난 것과 같이 2017년 12월 말 기준 67,067천 원이고 이 중에서 시장형 공기업이 81,924천 원으로 가장 높고 위탁집행형 준정부기관이 64,028천 원으로 가장 낮다.

<표 2-8> 공공기관 직원 평균보수 (2017년 12월 현재) (단위 : 천원)

	2013	2014	2015	2016	2017
전체	63,001	63,554	64,912	66,064	67,067
공기업	72,923	72,318	75,164	78,862	78,511

시장형	75,786	75,019	76,700	81,364	81,924
준시장형	70,776	70,293	74,011	76,986	75,952
준정부기관	62,964	62,945	64,938	65,515	65,921
기금관리형	70,303	70,346	73,344	75,188	75,505
위탁집행형	61,333	61,366	63,192	63,580	64,028
기타공공기관	61,370	62,385	63,285	64,315	65,798

자료: 공공기관 경영정보 공개시스템, 2018. 10. 16
주: 공공기관(부설기관 포함)의 정규직 평균 보수

<표 2-9> 공공기관 부처별 보수 (2015년 현재) (단위: 천원)

부처	기관수	평균보수	최고	최저
금융위원회	5	83,298	84,811	78,733
방송통신위원회	2	81,891	82,066	81,715
국토교통부	14	74,015	86,732	57,957
산업통상자원부	27	73,784	90,333	56,073
해양수산부	9	68,096	76,986	52,760
교육부	3	67,999	73,477	64,037
농림축산식품부	6	65,711	86,874	52,703
미래창조과학부	9	63,913	85,379	48,816
문화체육관광부	8	62,749	75,086	38,626
국가보훈처	2	60,844	60,972	60,715
중소기업청	3	58,391	75,340	42,084
환경부	4	57,495	66,988	49,901
고용노동부	5	56,881	61,600	51,997
보건복지부	7	56,109	60,854	49,341
국민안전처	2	54,456	56,943	51,969
여성가족부	2	41,286	44,094	38,478

자료: 모주영(2017: 12); 최대식(2018)에서 재인용

공공기관 부처별 평균보수를 살펴보면 <표 2-9>와 같다. 부처 중 금융위원회 소속 기관들의 평균보수가 83,298천 원으로 가장 많으며 여성가족부 소속 기관의 평균보수는 41,286천 원으로 가장 적다. 공공기관 부처별 최고보수와 최저보수의 차이는 <그림 2-1>에서 보는 바와 같이 미래창조과학부, 문화체육관광부, 산업통상자원부 순으로 차이가 크다.

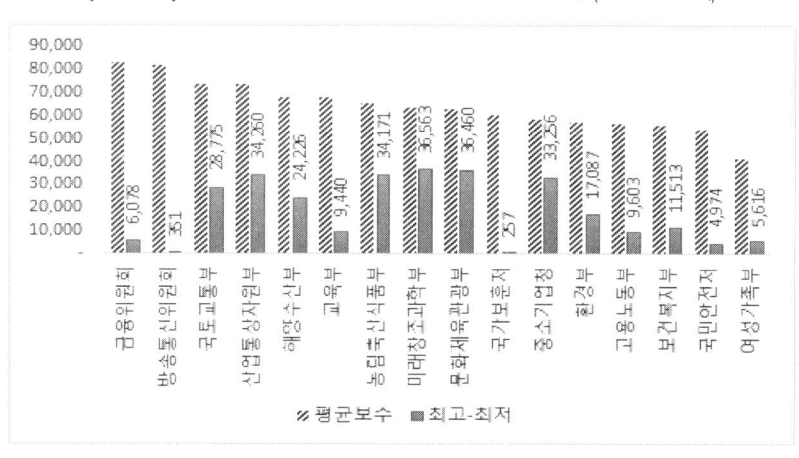

[그림 2-1] 기관별 평균보수 및 최고-최저 보수차이 (2015년 현재)

(2) 임금구성

공공기관의 임금은 기본급, 고정수당, 실적수당, 급여성 복리후생비, 경영평가성과급, 기타성과상여금으로 분류된다. 이 중에서 기본급, 고정수당, 급여성 복리후생비는 고정급에 해당하고 나머지는 변동급에 해당한다. <표 2-10>은 공공기관 유형별 임금형태에 따른 비중의 분포를 보여주고 있다.

<표 2-10> 공공기관 유형별 임금형태에 따른 비중 (2015년 말 정규직 기준)

(단위 : %)

구분		고정급	변동급	전체	성과급		
					경영평가 성과급	기타성과 상여금	전체
전체		78.9	21.1	100	3.3	12.2	15.5
공기업	시장형	74.7	25.3	100	4.0	13.7	17.7
	준시장형	70.5	29.5	100	7.3	15.3	22.6
준정부 기관	기금관리형	79.3	20.7	100	2.2	12.9	15.1
	위탁집행형	82.0	18.0	100	2.4	10.8	13.2

자료: 최대식(2018, 12)

[그림 2-2] 공공기관 유형별 임금형태에 따른 비중

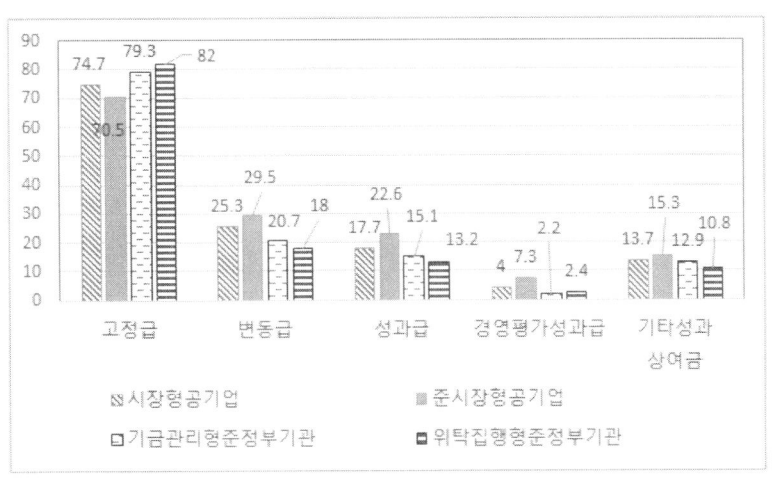

우선 고정비 측면에서 보면 위탁집행형 준정부기관이 82%를 차지해 가장 높으며, 준시장형 공기업이 70.5%로 고정급 비중이 가장 낮다. 또한 변동급 중 성과급은 고정급과는 반대로 위탁집행형 준정부기관이 13.2%로 가장 적다. 성과급 중 기타 성과상여금은 모든 유형의 공공기관에서 경영평과 성과급보다 높아 대부분의 기관에서 내부성과 평가가 더 크게 작용하고 있음을 알 수 있다.

2. 공공기관 임금체계 현황

2000년대 초반부터 공공기관에도 연봉제[7]가 형식적으로 도입·운영되었다. 이후 기관 내부의 성과관리를 강화하여 경영효율화를 도모하고 좀 더 내실 있는 연봉제를 도입하고자 2010년 6월 기획재정부는 성과연봉제를 마련하여 권고하였다. 2010년의 성과연봉제는 적용대상을 간부직부터 단계적으로 시행했으며 기본연봉, 성과연봉 및 기타수당 등으로 임금체계를 단순화하였다. 즉 직급별 호봉이나 연봉테이블을 폐지하고 직급별 임금범위를 설정하여 성과평가에 따라 기본연봉을 차등 인상한 것이다. 정

---

[7] 2000년대 초반 도입된 연봉제는 임금구성항목의 단순화와 이에 따른 법정기준임금인 통상임금과 평균임금 수준의 변화가 초래되어 문제를 야기시켰다.(최대식, 2018.8, p145)

부는 공기업과 준정부기관이 2010년 말까지 성과연봉제를 권고안대로 도입하도록 하고 기타 공공기관은 이를 준용하도록 하였다. 또한 성과연봉제 권고의 주요 내용을 경영평가의 주요 지표로 반영하였다. 정부의 권고안에 따라 공공기관은 2011년에 99개 기관, 2012년에 11개 기관이 성과연봉제를 도입하였다.

이후 2016년 1월, 정부는 공공기관의 간부직 성과연봉제를 일반 직원으로까지 확대하는 성과연봉제를 제시하고, 공기업은 그해 6월까지, 준정부기관은 12월까지 실행하도록 권고하였다. 즉 경쟁 부재로 인한 비효율, 근무연수에 따른 자동 승급으로 인한 인건비 부담이 결국 국민의 부담으로 돌아온다는 점을 고려하여 성과연봉제 범위를 더욱 확대함으로써 성과에 따른 보수지급으로 동기를 부여하고 일하는 분위기를 강화하겠다는 것이다. 정부는 공기업의 경우 6월 말까지, 준정부기관은 12월 말까지 성과연봉제를 도입하지 못한 공공기관에 대해 2017년도 총인건비를 동결하는 한편, 우수기관은 이행 시기·도입 내용·기관의 노력도 등에 대한 사후 평가를 거쳐 기본월봉 10~30% 수준의 인센티브를 지급하도록 하였다. 그 결과 한국기상산업진흥원을 시작으로 3월에 2개 기관, 4월에는 한국전력공사, 한국농어촌공사 등 45개 기관 등, 120개 전체 공기업·준정부기관이 성과연봉제를 도입하였다.

문재인 정부 들어서는 지난 박근혜 정부에서 공공기관에 성과연봉제를 일반 직원으로까지 확대 도입하는 과정에서 발생한 노사 갈등을 해소하고 공공기관 임금체계를 공공기관이 자율적으로 추진하는 조치를 취했다. 또한 '공공기관 성과연봉제 관련 후

속 조치 방안(기획재정부 공공기관 운영위, 2017.6.16.)'을 통해 공공기관 성과연봉제 확대권고안의 이행 기간을 없애고 권고안 기한 내 미도입시 적용하기로 한 총 인건비 동결 등의 패널티를 적용하지 않도록 했다.

정부는 '일자리 정책 5년 로드맵'을 통해 공공기관 임금체계를 동일가치노동 동일임금 원칙과 직무 중심 체계로 개편을 추진하고자 하였다. 또한 '공공부문 비정규직 근로자 정규직 전환 가이드라인'으로 공공부문의 고용안정 확보와 일자리 창출을 꾀하였다. '주요 전환직종에 대해 공공부문 표준임금체계모델(안)'으로 전환된 직종의 저임금 근로자의 처우를 개선하면서도 국민부담을 최소화하는 방향에서 동일가치노동 동일임금 원칙이 반영되도록 직무 중심의 임금체계를 마련하고자 했다. 이는 표준직무분류 및 직무가치평가를 통해 직무등급체계를 마련하고, 직무등급 내에서 숙련도에 따른 승급단계를 두어 임금수준을 결정하는 것이다. 향후 정부는 직무 중심 임금체계에 대한 공감대가 형성된 다른 직종으로 확산할 계획을 갖고 있다.

공공기관 임금체계에 관한 정책의 변화로 인하여 기관별로 임금체계의 차이가 존재하는 것이 현실이다(신재욱, 2018).

우선 공공기관 전체의 보수체계 현황을 보면 전체 공공기관에서 호봉제가 차지하는 비중은 54.9%, 연봉제는 39.3%, 단일임금제는 5.8%로 나타나 있다. 호봉제가 50%를 넘어 공공기관의 임금체계에서 주를 이루고 있다. 기관 유형별로 보면 호봉제의 경우는 기타공공기관이 58.3%, 연봉제의 경우는 공기업이 42.4%

로 다른 유형보다 많은 비중을 차지하고 있다.

<표 2-11> 기관 유형별 보수체계 현황 (2016년 현재) (단위 : 명, %)

	계	호봉제		연봉제		단일임금제	
		인원	비중	인원	비중	인원	비중
전체 공공기관	328,493	180,191	54.9	129,164	39.3	19,139	5.8
공기업	126,859	67,015	52.8	53,844	42.4	6,001	4.7
준정부기관	94,012	50,473	53.7	38,265	40.7	5,274	5.6
기타공공기관	107,623	62,703	58.3	37,055	34.4	7,865	7.3

자료: 「공공기관의 임금현황과 쟁점」 공개토론회 자료집, 2018. 8, 한국조세재정연구원 공공기관연구센터

<표 2-12> 고용형태별 보수체계 현황 (2016년 현재) (단위 : 명, %)

	계	호봉제		연봉제		단일임금제	
		인원	비중	인원	비중	인원	비중
전체공공기관	328,493	180,191	54.9	129,164	39.3	19,139	5.8
정규직	277,159	161,867	58.4	112,665	40.7	2,606	0.9
무기계약직	31,480	13,714	43.6	11,826	37.6	5,941	18.9
비정규직	19,854	4,608	23.2	4,653	23.4	10,593	53.4

자료: 「공공기관의 임금현황과 쟁점」 공개토론회 자료집, 2018. 8, 한국조세재정연구원 공공기관연구센터

<표 2-12>는 고용형태별 보수체계 현황이다. 정규직의 경우는

호봉제가 58.4%로 가장 많은 비중을 차지하며 연봉제의 경우도 40.7%로 꽤 높은 비중을 차지하고 있다. 특이한 점은 무기계약직과 비정규직에서 단일임금제가 상당한 비중을 차지한다는 것이다. 무기계약직의 경우는 18.9%가 단일임금제이며, 비정규직의 경우는 무려 절반이 넘는 53.4%를 차지하여 0.9%에 불과한 정규직과는 지극히 대조적이다. 단일임금제는 업무가 단순하거나 특별한 기술이나 숙련을 요하지 않는 직무에 많이 적용된다. 그리하여 이러한 직무가 많은 비정규직이나 무기계약직에 단일임금제가 많이 적용된다.

<표 2-13> 호봉제 유형 (직급/단일 구분) (2016년 현재)

		사례 수	직급호봉제		단일호봉제	
			개수	비중	개수	비중
전체		934	443	47.4	491	52.6
유형구분	공기업	103	69	67.0	34	33.0
	준정부기관	207	77	37.2	130	62.8
	기타공공기관	624	297	47.6	327	52.4

자료: 「공공기관의 임금현황과 쟁점」 공개토론회 자료집, 2018. 8, 한국조세재정연구원 공공기관연구센터

가장 많은 비율을 차지하는 호봉제가 어떤 형태로 적용되는지는 <표 2-13>에 나타나 있다. 우선 직급호봉제가 47.4%, 단일호봉제가 52.6%를 차지해 단일호봉제가 직급별 호봉제보다 더 많은 비중을 차지하고 있다. 그러나 공공기관 유형에 따라 상이한

모습을 보이고 있는데 공기업의 경우 직급호봉제가 67.0%, 준정부기관은 반대로 단일호봉제가 62.8%로 더 많은 비중을 차지하고 있다. 이 밖에 기타공공기관의 경우는 직급호봉제 47.6%, 단일호봉제 52.4%의 비중을 차지하고 있다.

<표 2-14> 직급별 호봉제 유형 (고용형태별) (2016년 현재)

		계	직급호봉제		단일호봉제	
			인원	비중	인원	비중
전체		934	443	47.4	491	52.6
유형구분	정규직	852	415	48.7	437	51.3
	무기계약직	57	18	31.6	39	68.4
	비정규직(기간제)	25	10	40.0	15	60.0

자료: 「공공기관의 임금현황과 쟁점」 공개토론회 자료집, 2018. 8, 한국조세재정연구원 공공기관연구센터

<표 2-14>는 고용형태별 호봉제의 유형을 나타내고 있다. 우선 모든 유형의 고용형태에서 단일호봉제가 직급호봉제보다 높은 비중을 차지하고 있다. 정규직의 경우는 51.3%, 무기계약직의 경우는 68.4%, 비정규직의 경우는 60.0%이다.

비정규직의 경우는 호봉제 비중이 20% 남짓인데 이 중애서 60%가 단일호봉제 적용을 받고 있고 또한 단일임금제의 비중이 53.4%이다. 이와 같이 비정규직은 다른 고용형태에 비해 임금체계가 매우 단순하다.

다음으로 <표 2-15>은 기관 유형별 호봉승급의 상한 유무와

현황을 나타낸 것이다. 호봉제를 도입한 거의 모든 공공기관인 70% 이상이 호봉승급 상한이 있는 것으로 조사되었다. 그러나 모든 기관에서 20호봉 이상이 주를 이루어 호봉 상한이 없는 것과 마찬가지 결과를 낳고 있다.

<표 2-15> 호봉승급 상한 유무 및 현황 (2016년 현재)

유형		사례수	호봉제유형	사례수	호봉승급상한유	호봉승급상한율(%)	20호봉미만		20호봉이상		무응답	
							개수	%	개수	%	개수	%
소계				934	736	78.80	89	12	599	81	48	7
전체		934	단일	491	382	77.80	20	5	433	88	28	
			직급	443	344	77.65	69	20	255	74	20	6
유형	공기업	103	단일	34	29	85.29	1	3	20	69	8	28
			직급	69	61	88.41	2	3	45	74	14	23
	준정부기관	207	단일	130	109	83.85	7	6	102	94		
			직급	77	67	87.01	1	1	64	96	2	3
	기타공공기관	624	단일	327	254	77.68	12	5	222	87	20	8
			직급	297	216	72.73	66	31	146	68	4	2

자료: 「공공기관의 임금현황과 쟁점」 공개토론회 자료집, 2018,8, 한국조세재정연구원 공공기관연구센터

<표 2-16>은 호봉승급에 따른 임금인상 효과를 나타낸 것이다. 기본급 인상률 4.0% 중 호봉승급액이 차지하는 비율은 2.0%이다. 그리하여 호봉승급분 비중이 전체 기본급 인상 효과의 절반 이상인 50.5%를 차지하고 있음을 알 수 있다. 유형별로는 공기업이 46.5%, 준정부기관이 38.9%, 기타공공기관이 55.6%이다.

<표 2-16> 호봉승급에 따른 임금인상 효과 (단위: 원, %)

	계	기본급인상액		호봉승급액		호봉승급분 비중
		인상액	비율	인상액	비율	
합계	3,230,625	129,734	4.0	65,569	2.0	50.5
공기업	3,072,611	118,860	3.9	55,309	1.8	46.5
준정부기관	3,017,862	145,208	4.8	56,527	1.9	38.9
기타공공기관	3,327,308	126,396	3.8	70,263	2.1	55.6

자료: 「공공기관의 임금현황과 쟁점」 공개토론회 자료집, 2018. 8, 한국조세재정연구원 공공기관연구센터

제 3 절
공공기관 임금체계의 문제점

현재 공공기관 임금체계의 문제점은 크게 두 가지로 요약할 수 있다. 하나는 기관 간 임금 격차에 관한 문제이고 다른 하나는 비정규직의 정규직 전환자들의 임금체계에 관한 문제이다.

우선 기관 간 임금격차 문제는 기관 유형, 주무 부처, 기관장의 정치력, 기업 규모, 노동조합의 조직력과 교섭력 등이 원인이 되어 나타난다. 예를 들면 기관 유형에 따라 시장형 공기업의 경우 가장 많은 임금을 받고 위탁형 준정부기관이 가장 낮은 임금을 받고 있다. 또한 주무 부처에 따라 금융위원회 소속 공공기관이 가장 높은 임금을 받고 여성가족부에 소속된 공공기관이 가장 낮은 임금을 받고 있다. 이러한 공공기관 간 임금격차는 임금인상률 또는 인상액의 격차 등에서 원인을 찾을 수 있으며 추후 보다 면밀한 연구가 이루어져야 할 것이다.

공공기관 임금체계의 두 번째 문제점은 비정규직에서 정규직으로 전환된 노동자들의 임금 결정에 관한 문제이다. 이는 최근 '공공부문 주요 5개 직종의 임금체계와 직무 등급제의 표준화 모델' 발표와 맞물리면서 제기되는 저임금 고착화 가능성과도 연계된 문제이다.

  정부는 '공공부문 주요 5개 직종의 임금체계와 직무 등급제의 표준화 모델'을 개발, 발표했는데 이는 공공부문 비정규직 정규직화 과정에서 주요 5개 직종 전환 대상자에 대한 표준임금체계를 제시하는 모델이다.

<표 2-18> 5개 주요 전환직종 전환 규모와 직무등급

직무등급	청소 (34,017명)	경비 (17,999명)	조리 (6,537명)	시설관리 (23,109명)	사무보조 (18,668명)
1	일반청소		단순노무(배식도우미, 단순노무)		단순사무보조
2	전문청소	시설경비	조리원	일반시설	일반사무보조
3		전문경비	조리사	종합시설	행정사무보조
4				전문시설	

자료: 배규식 외(2017: 21)

  청소, 경비, 조리, 시설관리, 사무보조에 종사하는 비정규직 노동자들이 정규직으로 전환되면서 5개의 직무등급과 6개의 승급 단계로 구성된 직무급을 적용받는다. 최저임금의 일정 비율로 각 셀의 급여율을 설정하여 적용하는 제도인데 동일직종 저임금 노동자들의 기관 간 임금 격차를 해소한다는 데 그 의의가 있다. 그러나 직무등급 5단계로 분류되는 대부분의 노동자들은 근속연수가 아무리 늘어나더라도 저임금의 함정에서 벗어나지 못할 가능성이 커지는 한계를 가지고 있다. 예를 들어 1·2직무등급을 받는 일반청소, 전문청소, 시설경비, 단순노무, 조리원, 일반시설,

단순사무보조, 일반사무보조는 최소 15년이 걸려 도달한 최대 승급단계인 6단계에 이르러서도 월 급여가 180만 원 조금 넘는 금액을 받을 뿐이다. 또한 하위 직무등급보다 상위 직무등급의 승급에 따른 인상률이 높기 때문에(1직무등급은 10%, 2직무등급은 12%, 5직무등급은 18%) 표준임금체계 내부 저임금 직종 간에도 임금 격차가 확대될 가능성이 있다. 이러한 임금 격차는 표준임금체계 외부에 있는 노동자들과의 격차를 더욱 큰 폭으로 확대될 가능성도 높아진다.

<표 2-19> 직무등급·승급단계별 최소 승급 소요연수와 최저임금 대비 임금률

(단위 : %, 원)

직무등급	1단계 (2년)	2단계 (2년)	3단계 (3년)	4단계 (4년)	5단계 (4년)	6단계	격차
1직무등급	100	102	104	106	108	110	10%
	1,573,770	1,605,245	1,636,721	1,668,196	1,699,672	1,731,147	
2직무등급	105	108	110	113	115	118	12%
	1,652,458	1,692,118	1,731,777	1,771,436	1,811,095	1,850,754	
3직무등급	110	113	116	119	122	125	14%
	1,731,147	1,779,619	1,811,095	1,876,563	1,925,035	1,973,508	
4직무등급	115	119	122	126	130	133	16%
	1,809,836	1,867,750	1,925,665	1,973,508	2,041,494	2,099,409	
5직무등급	120	124	129	133	137	142	18%
	1,888,524	1,956,511	2,024,498	2,092,485	2,160,471	2,228,458	

주: 최저임금=100%
자료: 배규식 외(2017: 22)

3

임금체계 현황 분석

제 1 절

A공사의 사례

1. 기관 조직현황 및 개요

A공사는 전력자원의 개발 및 발전·송전·변전·배전 등과 관련된 영업 등을 위하여 설립된 산업통상자원부 소속 공공기관이다. 1898년 한성전기회사로 출범하여 1961년 조선전업, 경성전기, 남선전기 3사를 통합, A주식회사로 설립되었다가 1982년 A공사로 전환되었다. A공사는 전원개발 촉진, 전력수급 안정화, 국민경제 발전 기여를 목적으로 주요하게 전력자원의 개발, 발전, 송전, 변전, 배전 및 이와 관련되는 영업, 연구 및 기술 개발, 해외사업, 투자 또는 출연, 보유부동산 활용사업을 수행하는 기능과 역할을 담당하고 있다.

A공사는 8개의 본부와 산하에 31개의 처(실)가 존재하며 15개의 하부조직이 존재하고 해외지사 8개와 15개의 지역본부가 존재한다.

A공사의 2018년 3/4분기 고용형태별 정원 및 인원 현황은 <표 3-1>과 같다.

<표 3-1> 고용형태별 정원 및 인원 현황 (단위: 명)

구 분			2015	2016	2017	2018(3/4)
임원	정원 (A)		7	7	7	7
	현원		7	6	4	7
정규직	정원 (B)		20,686	21,438	22,114	22,720
	현원	계	20,137.43	20,926.48	21,615.50	21,379.25
		전일제	20,074	20,850	21,546	21,207
		단시간	63.425	76.475	69.5	172.25
무기 계약직	정원 (C)		12	4	4	4
	현원	계	10	1	0	0
		전일제	10	1	0	0
		단시간	0	0	0	0
임직원총계 (A+B+C)			20,705	21,449	22,125	22,731
임금 피크제 별도정원	정규직		0	248	320	343
	무기계약직		0	0	0	0
탄력정원	정규직		0	0	0	0
	무기계약직		0	0	0	0
비정규직	기간제	전일제	408	586	566	356
		단시간	3.375	0	1.88	0.6
	기타		0	0	0	0
	비정규직 계		411.375	586	567.88	356.6
	정규직 전환	전환계획	0	0	234	0
		전환실적	0	0	234	0
		전환비율	-	-	100	-
소속 외 인력	파견		12	18	16	13
	용역		7,656	7,714	7,785	7,704.50
	사내하도급		0	0	0	0
	소속 외 인력 계		7,668	7,732	7,801	7,717.50
	정규직 전환	전환계획	0	0	0	0
		전환실적	0	0	0	0
		전환비율	-	-	-	-

자료: 공공기관 경영정보 공개 시스템

정원은 임원 7명, 정규직 22,720명, 무기계약직 4명으로 임직원 정원 총계가 22,731명이며, 현원은 임원 7명, 정규직 21,379명으로 현원 총계가 21,386명이다. 이 밖에도 전일제와 단시간 기간제 노동자와 기타 비정규직을 모두 포함한 비정규직이 356.6명이다. 2017년 567.88명이던 비정규직 인원 중 234명이 정규직으로 전환되어 그 수가 확연히 감소하였다. 파견, 용역, 사내하도급 등의 소속 외 인력은 7,717.50명으로 2017년의 7,801명과 거의 비슷한 수준이다. 그러므로 이들 소속 외 인력은 2017년 정규직 전환계획이 없었다는 것을 알 수 있다.

A공사는 두 개의 노조가 존재한다. 제1노조는 한국노총 산하 노동조합으로 4직급 이하 직원이 가입할 수 있으며 이 중 인사·노무·감사 담당자와 사장 비서 및 운전원, 청경은 가입이 제외된다. 총 가입대상 인원 16,700명이 모두 가입되어 가입률이 100%이다. 제2노조는 A공사 및 이와 관련 있는 사업부문 종사자 중 임원, 4직급 이하 기존 제1노조 가입대상 노동자를 제외하고는 가입이 가능하다. 총 가입대상 인원 5,445명 중 11명이 조합원으로 가입되어 있어 조직률이 0.2%로 교섭권이 없으며 상급단체에도 가입되어 있지 않다.

> 제2노조가 아직까지 존재하는 줄은 몰랐습니다. 예전에 관리자급을 중심으로 생성된 노조인데 위원장이셨던 분은 이미 정년퇴직하시고 남아 있는 분들도 거의 없어서 없어진 줄 알았습니다. 실질적으로 회사 내에서 아무런 역할을 하고 있지 않습니다.
>
> (사측 노무처 급여부 A차장)

A공사 노동조합의 총 조합원은 16,711명이며 모두 정규직으로 구성되어 있다.

<표 3-2> 노동조합 현황 (2018년 3/4분기 기준)

명칭	상급단체	설립일	대상 인원(명)	조합원수(명)		가입률 (%)	교섭권
제1노조	한국노총	1946. 11.24	16,700	정규직	16,700	100%	O
				비정규직			
				무기계약직			
제2노조	미가입	2010. 12.30	5,445	정규직	11	0.2%	X
				비정규직			
				무기계약직			
합계				정규직	16,711		
				비정규직			
				무기계약직			

자료: 공공기관 경영정보 공개 시스템

2. 직급 및 승진체계

1) 직급 및 정원

A공사의 직급체계는 1(가)직급부터 4직급, 기타[1], 무기계약직, 별도 직군으로 구성되어 있다. 아래 <표 3-3>은 A 공사의 직급

---

[1] 기타에는 기능직인 5직급과 6직급이 포함되어 있다.

별 정원 및 현원을 보여주고 있다. 1(가)직급은 직제상 인원 114명, 현원도 이와 비슷한 113명으로 전체인원 중 0.53%를 차지하고 있다. 1(나)직급의 직제상 인원은 242명이고 현원은 238명, 전체인원 중 1.11%를 차지하고 있다. 2직급은 직제상 인원 1,054명, 현원은 1,036명으로 전체인원 중 4.84%를 차지한다. 3직급은 16.50%, 4직급은 50.92%로 가장 많은 비율을 차지하고 있으며, 기타직급 또한 25.42%로 4직급 다음으로 많다.

<표 3-3> 직급별 정원 및 현원   (단위: 명)

구분	직제상 정원	현 원			
		현원 계	남성	여성	비율 (%)
임원	7	7	7	0	0.03
1(가)직급	114	113	113	0	0.53
1(나)직급	242	238	237	1	1.11
2직급	1,054	1,036	1,026	10	4.84
3직급	3,629	3,528.75	3,200.50	328.25	16.50
4직급	11,461	10,890.25	8,678	2,212.25	50.92
기타[1]	5,941	5,436.25	3,796.75	1,639.50	25.42
무기계약직	4	0	0	0	0.00
별도직군	279	137	136	1	0.64
합계	22,731	21,386.25	17,194.25	4,192	100

주: 1) 기타: 기능직, 연구직, 별정직, 청경
   * 임금피크제 별도정원 중 초임직급에 해당하는 정·현원은 4직급에 포함.
자료 : 공공기관 경영정보 공개시스템

<표 3-4>는 A공사의 직군·직렬·직종을 분류하여 나타낸 것이다. 직무의 종류, 난이도 및 책임을 기초로 하여 직장과 직군은 종단으로 분류하고 직급은 횡단으로 분류했다. 직무는 종류에 따라 경영, 사무, 기술, 특수 및 기능의 5개 직장으로 대분류하고 사내의 부문별 기능과 기능의 전문성 및 특수성에 따라 직급별 직군으로 소분류하였다.

<표 3-4> 직군·직렬·직종의 분류

직급 직장	1		2	3	4		5
	(가)	(나)			(가)	(나)	
경 영	경 영	경 영					
사 무			사 무	사 무	사 무	사 무	
기 술			기 술	발 전	발 전	발 전	
				송변전	송변전	송변전	
				배 전	배 전	배 전	
				통 신	통 신	통 신	
				원자력	원자력	원자력	
			토 건	토 목	토 목	토 목	
				건 축	건 축	건 축	
특 수				IT	IT	IT	
기 능							사무담당
							송전담당(가)
							송전담당(나)
							배전담당(가)
							배전담당(나)
							통신담당
							특정업무담당

자료: 인사관리규정, 2019. 1.

1직급은 경영 직무만을 담당하고 2직급에서 4직급까지는 사무, 기술, 특수 직장을 담당하며 이를 사무, 발전, 송변전, 배전, 통신, 원자력, 토목, 건축, IT 직군으로 소분류하여 담당하고 있다. 5직급은 기능직이며 사무담당, 송전담당(가, 나), 배전담당(가, 나), 통신담당, 특정업무담당으로 직군을 구분한다. 6직급은 규정을 별도로 두어 관리하고 있으며, 6직급의 직무는 사무·기술담당원(가)과 사무·기술담당원(다), 전문담당원(방송, 영양사, 차량정비, 체육, 기관원, 데이터관리 등 17개)으로 구별하고 있다.

2) 직급별 업무 분장

본사 처(실) 및 사업소의 주요 업무는 직급별 업무 분장을 통해 명확하게 구분하여 수행하고 있다. 단위조직의 장은 조직의 분장업무를 총괄하고 팀·실·부의 장은 해당 조직의 업무를 총괄한다. 3직급은 팀·실·부장이 부여한 업무추진 및 4직급 이하 직원의 업무를 총괄하고 4직급은 부서의 분장업무 내에서 2~3직급이 부여한 업무를 수행한다. 5직급 이하는 표준 직무명세서에 따라 담당 직무가 부여되어 직급 간 업무가 명확히 구분되어 있다.

일반적으로 신입사원은 4(나)직급으로 채용된다. 신규로 채용된 4(나)직급과 3직급 이상 간부직원의 최초보직은 사업소에 보직하는 것을 원칙으로 한다. 보직은 전방위로 운영하고 있어 1(가)직급의 경우 1(가·나)직급의 직위에, 1(나)직급은 1(가·나)직급 직위와 2직급 직위에 보직할 수 있다. 2직급은 1(나)와 2·3 직급 직위에, 3직급은 2·3·4 직급 직위에 보직할 수 있다. 또한 직위 및 직무 내용이 유사하고 담당업무 수행에 지장이 없다고 인정되는 경우에는 겸직이 가능하다.

<표 3-5>는 직급 및 호칭을 분류한 것이다. 직원의 호칭은 직급과 근속연수에 따라 달라지며 1직급의 경우는 처장, 2직급은 부장, 3직급은 부장 대우와 차장으로 분류되며 4(가)직급의 경우는 차장 대우와 과장, 4(나)직급은 과장, 대리, 사원으로 호칭을 분류한다. 특히 부장 대우와 차장 대우는 해당 직급에 일정 시간 동안 머물러 있었으나 승진을 하지 않은 장기 근무자에게 부여하는 호칭이다. 부장 대우는 3직급 15년 이상 근무자 또는 7년 이상 근무자 중 57세 이상인 자, 차장 대우는 4(가)직급 10년 이상 근무자 중 최소 요건[2])을 갖춘 자에게 부여한다. 4(나)직급은 입사 당시의 학력 수준과 이후의 근무연수에 따라 대리, 사원으로 구분하며 4(나)직급으로 10년 이상 근무자 중 46세 이상인 자에게는 과장의 호칭을 부여한다. 5직급과 6직급도 마찬가지로 근속을 기준으로 대리, 사원으로 구분하며 5직급 과장의 경우는 24년 이상 근무자 또는 16년 이상 근무자 중 49세 이상인 자를, 6직급 과장의 경우는 26년 이상 근무자 또는 16년 이상 근무자 중 51세 이상인 자에 부여한다.

---

[2] '부장대우', '차장대우'의 요건은 최근 3년간 근무성적 점수를 산술평균한 점수가 B등급 이상이고 징계 말소 기간이 경과된 자이어야 한다.

<표 3-5> 직급 및 호칭 분류표

직급	호칭	비고
(가)	처 장	
(나)		
2	부 장	
3	부장대우	3직급 15년 이상 근무자 또는 7년 이상 근무자 중 57세 이상인 자
	차 장	
(가)	차장대우	4(가) 직급 10년 이상 근무자
	과 장	
(나)	과 장	10년 이상 근무자 중 46세 이상인 자
	대 리	<table><tr><td>입사 구분</td><td>근무년수</td></tr><tr><td>대학원 졸업수준</td><td>1년 이상</td></tr><tr><td>대학 졸업 수준</td><td>3년 이상</td></tr><tr><td>전문대학 졸업수준</td><td>5년 이상</td></tr><tr><td>고등학교 졸업수준</td><td>7년 이상</td></tr></table>
	사 원	<table><tr><td>입사 구분</td><td>근무년수</td></tr><tr><td>대학원 졸업수준</td><td>1년 미만</td></tr><tr><td>대학 졸업 수준</td><td>3년 미만</td></tr><tr><td>전문대학 졸업수준</td><td>5년 미만</td></tr><tr><td>고등학교 졸업수준</td><td>7년 미만</td></tr></table>
5	과 장	24년 이상 근무자 또는 16년 이상 근무자 중 49세 이상인 자
	대 리	9년 이상 24년 미만 근무자
	사 원	9년 미만 근무자
6	과 장	26년 이상 근무자 또는 16년 이상 근무자 중 51세 이상인 자
	대 리	11년 이상 26년 미만 근무자
	사 원	11년 미만 근무자

자료: 인사관리규정, 2019. 1.

3) 승진관리

A공사에서의 승진은 직급별로 구분하여 적용하고 있다. 우선 2직급 이상 직원으로의 승진이다. 승진예정 인원은 상임인사위원회의 심의를 거쳐 사장이 결정하고 승진 시에는 필수교육의 이수를 원칙으로 하며 직급별 필수교육은 따로 정하는 바에 따른다. 2직급 직원에의 직군별 승진예정 인원은 승진대상자 전체를 통합하거나 본사군과 사업소군으로 구분하여 결정할 수 있고, 본사군은 다시 본사 본부군 및 통합심의군 등으로, 사업소군은 지역본부군 및 통합심의군 등으로 구분하여 결정한다. 2직급에서 1(나)직급으로의 승진은 자력점수 순위, 승진심사위원회의 심사 후 상임인사위원회의 심의를 거쳐 사장이 결정하며 2직급으로의 승진은 자력점수, 사업소 승진추진위원회 및 서열 추천, 승진심사위원회의 심사를 거쳐 상임인사위원회에서 결정한다. 이때의 기본 자력 사항은 10월 말, 근무연수는 12월 말일을 기준으로 하여 작성함을 원칙으로 한다. 자력 점수 평가요소 및 배점은 공통·리더십 역량은 최대 12점, 직무역량은 최대 8점이며 특수지, TDR(Tear Down & Redesign)경진대회, 어학일반, 실용어학, 자격증, 한전인상, 포상, 내부평가, 징계감점 등의 점수를 가감하여 2직급에서 1(나)직급으로의 승진의 경우는 총합 23.0점, 3직급에서 2직급으로의 승진인 경우에는 총합 24.3점을 적용하고 있다.

3직급으로의 승진은 시험승진과 심사승진에 의하며 시험승진은 일반시험승진과 제한시험승진으로 구분한다.[3] 시험승진은 매년 1회 정기적인 공개경쟁시험 실시를 원칙으로 하며 선발인원은 직군별 총 승진예정 인원을 기준으로 일반시험승진 60%, 제한시험승진 20%, 심사승진 20%로 구분하여 선발한다.

우선 시험승진 중 일반시험승진을 살펴보면 3직급으로의 승진시험은 4(나)직급 이상인 자를 대상으로 입사수준 및 전환구분별로 실근무 경력을 기준으로 응시자격을 부여한다. 특히 5직급에서 4(나)직급으로 전환한 근로자의 경우도 따로 규정이 존재하는데 예를 들어 전환 전 5직급에서 10년 이상 실근무한 자는 4(나)직급으로 6년 이상 실근무해야만 3직급 승진시험에 응시할 수 있다. 또한 6직급 및 청경에서 4(나)직급으로 전환한 근로자의 경우에는 4(나)직급으로 9년 이상 실근무한 자에 한하여 응시자격이 주어진다.

시험승진 중 다른 하나인 제한시험승진의 경우도 마찬가지로 입사수준 및 전환구분별로 4(나)직급 실근무 경력을 기준으로 응시자격을 부여한다. 예를 들어 6직급 및 청경에서 4(나)직급으로 전환한 자는 4(나)직급으로 12년 이상 실근무하면 응시자격을 부여받는다. 일반시험승진과 제한시험승진 모두 최근 3년간의 근무성적 점수가 B등급 이상이어야 한다. 3등급으로의 승진에 필요한 자력 평가는 근무성적, 경력, 자기계발, 상벌, 정책참여 등에 관하여 점수를 매겨 평가한다.

---

[3] 다만 시험승진과 심사승진에는 동시에 중복 지원할 수 없다.

3직급으로의 승진은 심사승진에 의해서도 이루어지는데 마찬가지로 4(나)직급 이상으로 45세 이상인 자를 대상으로 입사수준 및 전환구분별로 실근무 경력을 기준으로 응시자격을 부여한다. 근무성적이 최근 3년간 B등급 이상이어야 하며 업무충실도 평가 결과 50% 이상 득점하고 처(실)장 및 1차 사업소장의 추천을 받아야 한다.

4(가)직급에의 승진은 근무연수와 연령 및 상벌 조건을 만족하는 자를 본사는 인사담당부서장이, 사업소는 사업소장이 실시한다. 최근 3년간 근무성적 점수가 S등급[4])이어야 하며 입사수준 및 전환구분별로 실근무경력을 기준으로 응시자격을 부여한다.

5직급과 6직급의 경우 4(나)직급으로 직급전환 하고자 할 때는 제반 요건이 충족된 자에 한하여 제한경쟁시험을 통해야 한다. 그러나 5, 6직급의 4(나)직급으로의 전환은 많이 이루어지고 있지 않다.

하위직급에서 상위직급으로 승진된 자가 최초로 상위직급 해당 업무에 보직되는 승진 보직은 1(가)직급의 경우에는 사장이, 1(나)·2직급은 인사담당본부장이 실시한다. 3직급에의 승진 보직은 합격서열 등의 순서에 따라 인사담당본부장이 실시한다.

<표 3-6>은 제도상 승진 소요 최저 연수와 실제 승진 연한을 나타낸 것이다. 제도상 1(가)직급으로는 3년, 1(나)직급으로는 6년, 2직급으로는 7년, 3직급으로는 6년이 소요된다. 그러나 실제

---

[4]) 근무성적이 A등급인 경우에는 실근무 경력에 1년을 가산한다.

승진 연수는 4직급에서 3직급으로는 10년, 3직급에서 2직급으로는 11년, 2직급에서 1(나)직급으로는 7년, 1(나)직급에서 1(가)직급으로는 4년이 소요되는 것으로 조사되었다.

　이러한 제도상 승진 소요 최저 연수와 실제 승진 연한과의 차이는 승진 인원의 적체에서 비롯된다. 그러나 동시에 하위직급의 경우에는 4직급에서 3직급으로의 승진이 전체 직원 중에서 약 40% 정도만 이루어지고 60%는 정년퇴직 시까지 4급에 머물러 있다(채준호 외, 2017: 221). 이러한 현상에 대한 원인으로 여러 가지가 있겠지만 현장에서는 승진에 대한 동기가 부족하여 자발적으로 승진 대열에서 빠진다고 진단한다. 또한 굳이 승진을 하지 않아도 호봉승급에 따른 임금 상승이 보장되기 때문에 업무의 책임이 높은 상위 직급으로의 승진이 이루어지지 않는다고 평가하고 있다.

> 저희 공사의 경우 승진시험 경쟁률은 해마다 다르지만 현재 3직급으로의 승진시험을 잘 보지 않는 추세입니다. 이는 여러 가지 이유가 혼합된 결과이기도 하지만 승진에 대한 강력한 동기가 존재하지 않으며 그래서 TO가 늘어도 승진할 필요를 느끼지 않습니다. 그리하여 입사 후 4직급에만 머물러 있다가 퇴사하는 사원들이 많습니다. 또한 기능직(5,6직급)들도 마찬가지로 입사 후 퇴사까지 그대로 직급을 유지합니다. 5% 정도만 승진에 도전합니다.
>
> (사측 노무처 급여부 A차장)

<표 3-6> 승진 소요 최저 연수

직급	인원수(현원·명) 남	인원수(현원·명) 여	보직자 비율(%)	승진연한 (제도상)	승진연한 (실제)	평균근속 연수(년)
1가	113	-	100	3년	4년	33
1나	237	1	100	6년	7년	31
2	1,026	10	100	7년	11년	27
3	3,200	328	100	6년	10년	21
4	8,678	2,212	100	-	-	17
기타	13,261	2,551	100	-	-	20

자료: 내부자료

3. 임금체계 및 임금 수준

1) 임금체계 및 구조

(1) 임금의 구성

A공사의 임금은 임원과 직원이 서로 다르게 구성되어 있다. 우선 임원의 경우는 기본연봉과 성과급 그리고 퇴직급여로 구성되어 있으며 직원의 경우는 기본연봉과 직무급, 연봉가급, 연봉외 수당, 성과연봉, 퇴직급여로 이루어져 있다. 여기에서 기본연봉은 임원의 경우 사장의 기본연봉이 기준이 되어 상임감사위원

과 부사장의 임금이 일정 비율로 결정되고 상임이사는 정액으로 고정되어 있다. 이 밖에도 1(가)직급부터 3직급까지는 상·하한액을 각각 설정하였으며 4(가)직급부터 5직급까지는 50등급, 6직급 및 청원경찰은 60등급으로 기준연봉을 구분하고 있다.

<표 3-7> 임금의 구성내용

구분	임금 구성	기본연봉
임원	기본연봉 + 성과급 + 퇴직급여	▸ 상임감사위원, 부사장의 기본연봉은 사장의 기본연봉액에 따른 비율 ▸ 상임이사는 정액
직원	기본연봉[1] + 직무급[2] + 연봉가급[3] + 연봉외 수당[4] + 성과연봉[5] + 퇴직급여	▸ 1(가)직급 ~ 3직급: 상·하한액 ▸ 4(가)직급 ~ 5직급: 50등급 ▸ 6직급, 청원경찰: 60등급

주: 1) 기본연봉 - 기본생활 보장적인 성격으로 지급되는 보수 2) 직무급 - 직무의 중요도, 난이도 및 책임도등을 반영하여 차등 지급하는 보수 3) 연봉가급 - 개인별 능력, 전문성, 직무난이도, 근무환경, 해외근무 등에 따라 개인별로 차등해서 지급하는 보수 4) 연봉외 수당 - 연장·휴일·야간근무수당·연차휴가보상금 5) 성과연봉 - 매년 공공기관 정부경영실적 평가 결과 내부 성과평가결과 등을 반영하여 차등 지급하는 경영평가성과급, 내부평가급, 자체평가급 및 격려금
자료: 내부자료

<표 3-8> 직급별 임금구성 비율 (임금총액 기준)　　(단위: %)

직급	기준연봉	직무급	성과연봉	제수당	급복비*	합계
1가	68.1	7.1	21.1	2.8	0.9	100
1나	70.5	3.8	21.8	2.9	1.0	100
2	71.8	2.4	22.1	2.5	1.2	100
3	72.8	0.9	22.4	2.6	1.3	100
4	72.3	1.2	22.3	2.5	1.7	100
5	72.4	1.2	22.3	2.5	1.6	100
6	71.9	1.4	22.2	2.5	2.0	100

주: 급복비는 급여성 복리후생비를 말하며 인건비 항목 외에 소득세법상 근로소득에 해당하고 직원의 복지증진을 위하여 운영하는 항목이다.
자료: 채준호 외(2018: 12)

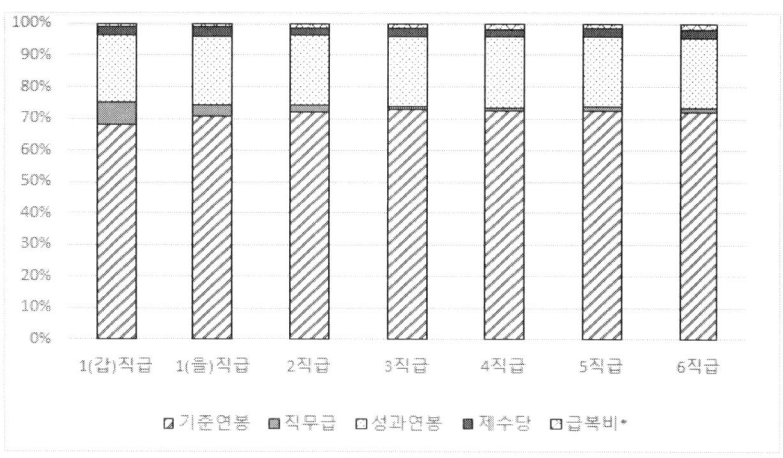

직급별 임금구성 비율을 살펴보면, 기준연봉은 1(가)직급이 가장 낮은 68.1%이며 3직급이 가장 높은 72.8%이다. 그러나 직무급은 1(가)직급이 7.1%로 가장 높으며 직급이 아래로 내려갈수록 임금에서 차지하는 비율이 낮아진다. 성과연봉제는 21.1%~22.4% 사이의 비율로 분포되어 있으며 각종 수당도 직급별로 비숫한 2.5~2.9% 수준에서 분포되어 있다.

(2) 기본급

A공사는 명목상 기본적으로 호봉제가 존재하지 않는다. 임금형태상으로는 모든 직급에 연봉제가 적용되고 있다. 하지만 내용상으로는 상위직급은 연봉제, 하위직급은 호봉제를 채택하고 있다고 할 수 있다.

1(가)직급~3직급까지는 기본연봉액으로 하한액과 상한액 범위 내에서 차등지급하고 있다.

<표 3-9> 1직급(갑)~3직급 기본연봉액 (단위: 천원)

구 분	기본연봉액	
	하한금액	상한금액
1(가)직급	68,750	111,430
1(나)직급	63,840	103,490
2직급	58,930	95,530
3직급	50,000	90,560

자료: 연봉 및 복리후생관리규정

<표 3-10> 4직급~5직급의 기본연봉표 (단위: 천원)

등급 \ 직급	4(가)직급	4(나)직급	5직급
1등급	48,630	31,300	28,680
50등급	79,990(30등급)	78,610	77,390

자료: 연봉 및 복리후생관리규정

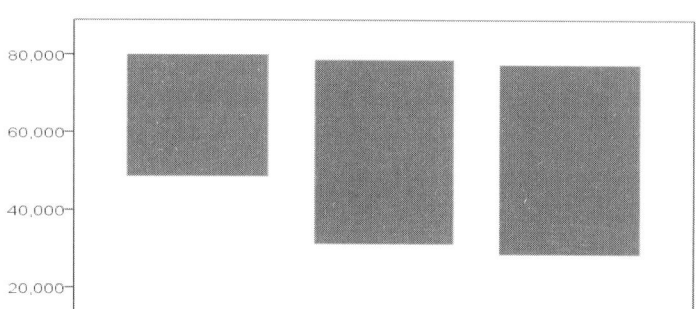

[그림 3-1] 4직급~5직급 임금밴드

1~3직급과는 다르게 4직급과 5직급은 30등급 내지 50등급에 이르는 등급표에 의하여 기본급이 책정되고 있으며 6직급과 청원경찰도 50등급 내지 60등급으로 구분하여 기본급이 책정되어 있다.

4(가)직급은 호봉등급이 30등급이며 급간 피치는 860,000원부터 1,290,000원 사이이며, 4(나)직급의 경우는 50등급이며 580,000원~1,300,000원의 급간 피치가 존재한다. 5직급은 50등급이며 580,000원~1,570,000원의 급간 피치가 존재한다.

<표 3-11> 6직급·청원경찰 기본연봉표   (단위: 천원)

등급 \ 직급	6직급 (사무담당원)	6직급 (전문담당원)	청원경찰
1등급	24,480	29,850	24,590
50등급	63,620	71,760(60호봉)	64,560

자료: 연봉 및 복리후생관리규정

6직급(사무담당원)인 경우에는 50등급이며 430,000원부터 1,250,000원의 급간 피치가 존재한다. 6직급(전문담당원)의 경우는 60등급이며 410,000원부터 1,130,000원의 급간 피치가 존재하고 청원경찰은 50등급이며 460,000원부터 1,330,000원의 급간 피치가 존재한다. A공사의 급간 피치는 정액이 아닌 일정한 비율의 간격이 존재한다. 4직급, 5직급, 6직급(사무)은 평균 1.9%, 6직급(전문)과 청원경찰은 평균 1.5%의 급간 피치가 존재한다.

기본연봉은 신입으로 채용된 직원의 학력 및 채용 분야에 따라 결정되고 이후 수습 기간 종료 후 경력에 따라 1년마다 1등급씩 3등급을 한도로 기본연봉 초임등급에 가산되어 지급된다. 또한 근무 성적 등을 반영하여 기본연봉을 1개 등급 추가 조정할 수 있다. 이는 근무 기간 전체 중 8회로 제한하며 만 57세 이상자는 기본연봉 추가조정 대상에서 제외하고 4(나)직급 이하 직원 중(전문담당원 제외) 31등급 이상에서의 추가조정은 3회로 제한한다. 이 밖에도 승진 시 기본연봉을 <표 3-15>와 같이 조정하며 직급전환(직무전환 포함) 및 신분전환 시 전환 당시 본인의 연봉 수준이 하락하지 않는 수준에서 전환직급의 최근사치 기본연봉 등급을 부여한다. 그러나 이미 최고등급에 이른 자는 등급조정을 정지하며 또한 등급조정일에 임금피크제 적용대상이 아닌 경우에는 직전 등급에서 최고 등급으로의 인상률을 반영하여 기본연봉 금액을 조정한다.

<표 3-12> 기본연봉 사정 기준표

해당직급	기본연봉	구 분
1~3직급	직급별 하한액	해당 직급에 보직된 자
4(나)직급	7등급	대학원 졸업수준으로 채용된 자
	5등급	대학 졸업수준으로 채용된 자
	3등급	전문대학 졸업수준으로 채용된 자
	1등급	고등학교 졸업수준으로 채용된 자
5직급	1등급	5직급으로 채용된 자
6직급·청경	1등급	6직급, 청경으로 채용된 자

자료: 연봉 및 복리후생관리규정

<표 3-13> 경력환산 기준표

구분	경 력	
가	당사의 전직 경력(상근별정직, 청경 및 비정규직 포함), 군복무기간, 국가 및 지방공무원(고용직 공무원 제외)	100%
나	특별법에 의하여 설립된 회사 및 조합, 은행 교수 및 대학강사(전임 및 시간강사)	80%
다	당사 직무와 동일한 외국기관의 근무 교육법에 의한 교육기관(대학 제외)	60%
라	기타 법률상 법인으로 인정된 사업 국가 및 지방공무원(고용직 공무원)	50%

자료: 연봉 및 복리후생관리규정

<표 3-14> 기본연봉 추가조정 기준

직 급	추가조정 기준	횟수제한
1~3직급	1. 근무성적 : 최근 2년간 'B' 이상 2. 근무 기간 - 본사, 인재개발원 교수 요원 : 3년 이상 실근무 - 1차 사업소 해외사무소현지법인 : 4년 이상 실근무 - 2차 사업소 기타(교육 요원 등) : 5년 이상 실근무	직급별 3회
4(가)직급	1. 최근 2년간 근무성적이 A 이상인 자 : 4년 이상 실근무 2. 최근 2년간 근무성적이 B, C인 자 : 5년 이상 실근무	3회
4(나)직급	▶ 1~30등급 1. 최근 2년간 근무성적이 A 이상인 자 : 3년 이상 실근무 2. 최근 2년간 근무성적이 B, C인 자 : 4년 이상 실근무 ▶ 31등급 이상 1. 최근 2년간 근무성적이 A 이상인 자 : 4년 이상 실근무 2. 최근 2년간 근무성적이 B, C '인 자 : 5년 이상 실근무	5회
5직급	1. 최근 2년간 근무성적이 A 이상인 자 : 4년 이상 실근무 2. 최근 2년간 근무성적이 B, C인 자 : 5년 이상 실근무	8회
6직급	1. 최근 2년간 근무성적이 A 이상인 자 : 5년 이상 실근무 2. 최근 2년간 근무성적이 B, C' 자 : 6년 이상 실근무	8회
청경	1. 최근 2년간 근무성적이 A 이상인 자 : 4년 이상 실근무 2. 최근 2년간 근무성적이 B, C인 자 : 5년 이상 실근무	8회

자료: 연봉 및 복리후생 관리규정 시행세칙

<표 3-15> 승진 시 기본연봉 조정기준

구 분	기본연봉 조정기준
1(을)직급 → 1(갑)직급	▸ 승진 전 기본연봉액 기준 3.0% 상향조정
2직급 → 1(을)직급	
3직급 → 2직급	
4(갑)직급 → 3직급	
4(을)직급 → 3직급	▸ 승진 전 기본연봉액 기준 8.0% 상향조정 ※ 조정액이 3직급 하한액 이하일 경우 하한액 적용
4(을)직급 → 4(갑)직급	▸ 4(을)직급 35등급 이상 : △ 18등급 ▸ 4(을)직급 34등급 이하 : △ 19등급 ※ 4(을)직급 20등급 이하 : 1등급

자료: 연봉 및 복리후생 관리규정 시행세칙

(3) 수당체계

A공사의 수당체계는 일정한 급료 이외에 정기 또는 수시로 지급되는 보수로서 직무급, 연봉가급, 초과근무수당(연장·야간·휴일근무수당), 휴가 보상금 등으로 구성된다.

<표 3-16> 수당의 종류 및 지급기준

수당명칭	지급기준
직무급	해당 직무에 보직되는 자
연봉가급	개인별 능력, 직무, 근무여건 등에 따라 항목별 포인트를 부여하고 합산된 총점에 단가를 곱하여 지급한다.
초과근무수당	정규 근무시간 외 야간, 휴일에 근무하는 자
휴가 보상금	휴가 보상일수

자료: A공사 내부자료(2018. 10. 12)

연봉가급은 개인별 능력, 전문성, 직무난이도 및 실적, 근무환경 등을 반영하여 개인별 누적 포인트에 대해 환산한 금액을 매월 급여지급일에 지급하는 수당이다. 지급은 누적 포인트 당 1,000원으로 환산하여 이루어지며, 능력 및 전문성 부문, 직무 및 환경 부문으로 구분하여 포인트를 설정하고 이를 환산하여 지급하고 있다. 연봉가급은 근무환경 중 북한근무자에 대하여 직급별로 구분된 포인트를 설정하고 있다.

이 밖에도 해외근무 직원에 대한 국가별 지급기준을 따로 마련하고 있다. 또한 6직급·별정직·청경 등의 연봉가급 지급기준이 따로 마련되어 있다. <표 3-17>은 능력 및 전문성 부문, <표 3-18>은 6직급·별정직·청경의 연봉가급 지급기준 및 포인트를 나타낸 것이다.

<표 3-17> 능력 및 전문성 부문의 연봉가급 지급기준 및 포인트

구 분	포인트	대 상
기술 자격	80	변호사(국제변호사 포함), 변리사
	60	기술사(등록기술사 포함), 건축사, 공인회계사, 사업관리자(PMP), 세무사, 공인노무사, 방사선취급감독자면허, 감정평가사, 공인재무분석 사(CFA), 국제재무위험관리사(국제FRM)
	40	직업훈련교사, 기사, 기능장, 간호사
	30	산업기사
	20	기능사, 건설기계조종사면허, 자동차운전면허(운전원에 한함), 기관사, 기능사보, 간호조무사

구 분		포인트	대 상		
연구 활동	전력연구원	200~300	전력연구원의 연구분야 근무 직원(경제경영연구원, 설비진단처, 본사 포함)		
			선임급 (3직급)	선임보급 [4(갑)직급]	일반급 [4(을)직급]
			300	240	200
	전문직	100~120	전문원으로 해당 직무를 수행하는 직원(동일직무, 직급에서 3년 이상 근무시 30%, 6년 이상 근무시 40% 가산지급)		
			3직급	4(갑)직급 이하	
			120	100	
	연구직	80~100	연구원으로 해당 직무를 수행하는 직원		
			3직급	4(갑)직급 이하	
			100	80	
	일반직	140~200	전문교육장에서 강의 또는 실습담당 직무 보직 직원		
			3직급	4(갑)직급	4(을)직급, 5직급
			200	180	140
특수 직무		80	직급대우자, 직무대행자, 송전정비실장, 배전운영실장, 건축사선임자, 영업창구 one-stop 응대직원		
		50	철탑승주원(해월철탑 포함), 급전(분)소 및 배전반 선임과장대리, 배전사업소 창구관련 근무자(개성지사 포함), 변환소 운전 및 보수담당, NDIS데이터 관리 원, 고장담당(배전, 송변전, 통신 내부평가 담당), 정보보안 업무담당(전문직위 자에 한함)		
		40	교대근무자, 대기근무자(배전전기원)		
		30	통신관련 업무담당, 전산프로그램·시스템분석 및 전산담당, 자동급전, 원격제어 담당 및 계통계획수립담당, 변전소 1인교대 근무자, 765 kV변전소 운전담당, 활 선원, 본사근무 직원(경영지원처, ICT인프라처, 경제경영연구원 포함), 선임자, 설비진단 업무자, 공가업무담당자(4직급)		
		20	무인변전소 순회점검팀(반)장, 보건담당자, 산림토목감리선임자, 자재검사처 시 험검사자		

구 분	포인트	대 상		
근무 환경		도서지역	벽지지역	기타지역
	120	도서지역	신태백변전소	해남변환소 진도변환소 본사(나주)
	80		S/C(I)	
	50		S/C(II) 4급지사(I) 접적지역(I)	원자력S/Y 기타(I) 1인근무변전소
	30		4급지사(II) 접적지역(II)	제주변환소 서제주변환소 기타S/Y 765kV변전소 기타(II)
특수 작업 실적 및 기타	25	대기근무 실적에 따라 1일 기준		
	1	운전실적 기준주행거리 기준		
		서울특별시, 광역시 (기준주행거리)		기타지역 (기준주행거리)
		10km 당		15km 당
	2	송전 또는 배전활선원의 활선작업 1M/H당		
	3	선로순시 및 활선애자 세정감독을 위한 항공기 탑승 10분당		
	30~130	창구수납 수납매수 실적 기준		
		100 이하 / 500 이하 / 501 이상 / 1,001 이상 / 1,501 이상 / 2,001 이상 / 2,501 이상 / 3,001 이상		
		30 / 60 / 80 / 90 / 100 / 110 / 120 / 130		
	15	여성근무자		
	25	3자녀이상시(만 20세미만) 1인당		
	100	원자력 직군으로 관련분야 근무자		

자료: 연봉 및 복리후생 관리규정 시행세칙

<표 3-18> 6직급·별정직·청경의 연봉가급 지급기준

구분	포인트	대 상		
기술 자격	80	변호사(국제변호사 포함), 변리사		
	60	기술사(등록기술사 포함), 건축사, 공인회계사, 세무사, 공인노무사, 방사선취급감 독자면허, 감정평가사, 공인재무분석사(CFA), 국제재무위험관리사(국제FRM)		
	40	기사, 기능장, 간호사, 영양사, 학예사, 정사서		
	30	산업기사		
	20	기능사, 건설기계조종사면허, 자동차운전면허<운전원에 한함>, 기관사, 기능사보, 간호조무사		
특수 직무	80	영업창구 one-stop 응대 직원		
	50	배전사업소 창구관련 근무자, 연수원 안내창구 근무자		
	40	교대근무자		
	30	선임자, 본사근무 직원 (경영지원처, ICT인프라처, 경제경영연구원 포함), 공가업 무담당자(6직급)		
	20	후생담당 중 취사에 직접 종사하는 자 (6직급)		
근무 환경		도서지역	벽지지역	기타지역
	120	도서지역	신태백변전소	해남변환소 진도변환소 본사(나주)
	80		S/C(I)	
	50		S/C(II) 4급지사(I) 접적지역(I)	원자력S/Y 기타(I) 1인근무변전소
	30		4급지사(II) 접적지역(II)	제주변환소 서제주변환소 기타S/Y 765kV변전소 기타(II)

구분	포인트	대 상							
특수 작업 실적 및 기타	0.8	차량정비원 기준주행거리(25km당)							
	30 ~ 130	창구수납 수납매수 실적 기준							
		100 이하	500 이하	501 이상	1,001 이상	1,501 이상	2,001 이상	2,501 이상	3,001 이상
		30	60	80	90	100	110	120	130
	15	여성근무자							
	25	3자녀 이상시(만 20세미만) 1인당							

자료: 연봉 및 복리후생 관리규정 시행세칙

2직급 이상 직원의 경우 연봉가급 중 특수직무(선임자 제외)에 대한 항목은 적용하지 않으며, 수습직원의 수습기간, 직위해제자의 직위해제 기간, 결근, 위탁교육, 무보직 등의 기간 중에는 연봉가급을 지급하지 않는다.

A공사의 연봉 외 수당 지급액 산출은 <표 3-19>에 의하여 계산된다.

<표 3-19> 연봉 외 수당 지급액

구 분	지 급 액
연장·휴일근무수당의 1시간 단가	통상임금 × 1.5/209
야간근무수당의 1시간 단가	통상임금 × 0.5/209
휴가보상금의 1일 +보상액	통상임금 × 1/209 × 8H

(4) 실질성과급

A공사의 성과급에는 경영평가 성과급, 내부평가급, 자체평가급 등이 존재한다. 성과급은 전전년도 12월 16일부터 전년도 12월 15일까지의 성과, 역량, 조직을 평가하여 지급한다. 내부 평가급은 3월과 6월 두 번에 걸쳐 균등 지급하며 9월에는 차등분을 지급하고 있고 경영평가 성과급은 9월과 12월에 균등 지급하며 마찬가지로 9월에 차등분을 지급한다.

<표 3-20> 성과급 지급 시기 및 지급 방법

구 분	3월	6월	9월	12월
내부 평가급	균등분 1/2	균등분 1/2	차등분	
경영평가 성과급			균등분 1/2, 차등분	균등분 1/2
근 태 계산기간	전전년도 12.16 ~ 전년도 12.15			

자료: 내부규정

경영평가 성과급의 연지급률은 공공기관운영위원회의 결정에 따르며, 전년도 내부 성과평가에 따라 차등 지급하고 있다. 내부 성과급과 경영평가 성과급의 지급은 개인평가 결과에 따라 각각 다른 지급기준을 적용하여 차등 지급한다. 1(가)직급부터 3직급의 경우 성과와 역량, 조직을 평가하여 기본연봉과 성과연봉을 결정한다. 기본연봉은 누적식, 성과연봉은 비누적식으로 이루어지며 기본연봉은 2%±1%의 차등 폭에서 성과연봉은 2배의 차등 폭 안에서 적용한다.

4직급 이하의 경우 연봉제이기는 하나 기본연봉 자체가 등급에 의하여 정해지므로 성과에 관한 평가는 조직평가에 의한 경영평가만 적용한다. 4직급 이하의 경영평가성과급은 개인별로 최대 1.3배 차등을 두어 지급한다.

<표 3-21> 내부성과급/경영평가성과급 지급기준

직급명	성과연봉제 (2016년 기준)/직급별로 작성				
	반영요소	(누적/비누적)	기본연봉 차등 폭	성과연봉 차등 폭	전체연봉 차등폭
1(가)직급	성과평가(■) 역량평가(■) 조직평가(■)	기본연봉 -누적 성과연봉 -비누적	2%(±1%)	2배	31%
1(나)직급					22.4%
2직급					24.35%
3직급					19.3%
4직급이하	성과평가( ) 역량평가( ) 조직평가(■)		-	1.3배	7.3%

주: 기본연봉 차등 : 성과(업체)평가, 역량평가 50% 반영성과연봉 차등 : 1~3직급의 경우 조직평가(팀평가) 90%, 개인업적평가 10%, 4직급 이하의 경우에는 조직평가 100% 반영
자료: 채준호 외(2017: 12)

<표 3-22> 내부성과급/경영평가성과급 지급기준 및 비율

구분		S	A	B	C	D
인원비율		10%	20%	40%	20%	10%
내부 성과급	3급 이상	267%	233%	200%	168%	134%
	4급 이하	220%	210%	200%	190%	180%
경영 성과급	3급 이상	Y×1.34	Y×1.16	Y	Y×0.84	Y×0.67
	4급 이하	Y+30%	Y+15%	Y	Y-15%	Y-30%

자료: 내부자료

(5) 직무급

A공사의 직무급은 직무별로 정액으로 지급되는 방식과 직급별로 근속에 따라 차등율을 정해 지급되는 방식 두 가지이다. 정액방식은 전 직급에 대하여 직무수당의 형태로 지급되며 크게는 사업소장, 실·부(팀)장 또는 직(팀)원의 직무를 수행하는 직원과 연구·전문 및 교수 직무를 수행하는 직원을 구분하여 적용한다.

<표 3-23> 실·부(팀)장 또는 직(팀)원의 직무를 수행하는 직원의 직무급 (단위 : 천원)

직무	등급	대상	월 지급액
사업소장	1	본부장	3,091
		특수1군 사업소장	2,091
		지역본부장	1,741
		본사 처·실장(1(갑)직급 직위)	1,591
		건설본부장, 설비진단처장, 전력기반센터장	1,441
		본사 처·실장(1(을)직급 직위)	1,339

직무	등급	대 상	월 지급액
사업소장	2	특별지사장	1,141
		1급 지사장	811
	3	2급 지사장, 1급 전력지사장, 특수2군 사업소장 (전력기반센터장 제외)	679
	4	3급 이하 지사장, 2급 전력지사장, 특수3군 사업소장	547
실·부(팀)장	1	본사 1직급 실·팀장	879
		사업소 1(갑)직급 차실장, 소장, 센터장	811
	2	사업소 1(을)직급 차실장	709
		본사 2직급 부장	407
	3	지역본부 직할, 특수 1군, 건설본부, 설비진단처 2직급 부(팀)장	187
	4	지사, 전력지사, 특수2, 3군 2직급 부(팀)장 및 기타	167
		3직급 팀장 직위	105
실·부(팀)원	1	본사 및 사업소 실·부(팀)원(관리역 포함)	105

자료: 연봉 및 복리후생관리규정 시행세칙

<표 3-24> 연구·전문 및 교수 직무를 수행하는 직원의 직무급 (단위 : 천원)

등급	대 상	월 지급액		
		1(갑)직급 수석(갑)	1(을)직급 수석(을)	2직급 책임
1	전력연구원, 경제경영연구원, 설비진단처, 본사의 연구분야 근무 직원	500	450	390
2	전문교육장의 교수 요원	400	360	300
3	전문원으로 해당 직무를 수행하는 직원	220	200	170
4	연구원으로 해당 직무를 수행하는 직원	200	180	150

자료: 연봉 및 복리후생관리규정 시행세칙

<표 3-25>는 2017년 12월에 신설된 직무급 차등운영 지급에 관한 세부사항에 관한 것이다. 차등 지급되는 직무급은 인건비 범위 내에서 따로 정한 운영기준에 따르고 그 대상은 근태 기간 중 15일 이상 근무한 자이며 차등분은 (연봉월액 × 차등률)의 방식으로 계산한다.

<표 3-25> 직무급 차등운영에 관한 세부사항 (단위 : %)

직급 \ 차등률	차등등급					
	1등급	2등급	3등급	4등급	5등급	6등급
1(가)	0.62	1.45	2.10	2.85	3.40	3.50
1(나)	0.61	1.40	2.05	2.80	3.38	3.45
2	0.60	1.35	2.00	2.53	3.35	3.40
3	0.60	1.28	1.88	2.50	3.27	3.32
4(가)	0.51	1.24	1.87	2.47	3.26	3.31
4(나)	0.51	1.23	1.86	2.46	3.25	3.30
5	0.50	1.18	1.84	2.45	3.25	3.30
6	0.50	1.15	1.80	2.45	3.25	3.30
청원경찰	0.50	1.12	1.78	2.45	3.20	3.30

주: 차등등급기준 : 1등급 - 근속연수 3년 이상~6년 이하, 2등급 - 근속연수 7년 이상~10년 이하, 3등급 - 근속연수 11년 이상~14년 이하, 4등급 - 근속연수 15년 이상~18년 이하, 5등급 - 근속연수 19년 이상~23년 이하, 6등급 - 근속연수 24년 이상
자료: 연봉 및 복리후생관리규정 시행세칙

2) 임금수준 및 현황

(1) 평균보수 및 수당

<표 3-26>은 2017년 임원의 연봉내역을 나타낸 것이다. 임원의 경우 여타 다른 직원들과는 다르게 경영평가성과급이 많은 비율을 차지하고 있다. 상임 기관장의 경우는 28.06%, 상임감사는 41.75%, 상임이사는 39.22%를 차지한다.

<표 3-26> 임원의 연봉내역 (2017년 결산) (단위 : 천원)

임 원	상임기관장	상임감사	상임이사
기본급	143,905	115,124	114,151
고정수당	0	0	0
실적수당	0	0	0
급여성 복리후생비	0	0	0
경영평가성과급	56,123	82,509	74,198
기타 성과상여금	0	0	828
합 계	200,028	197,633	189,177
비고	연봉제	연봉제	연봉제

자료: 공공기관 경영정보 공개 시스템

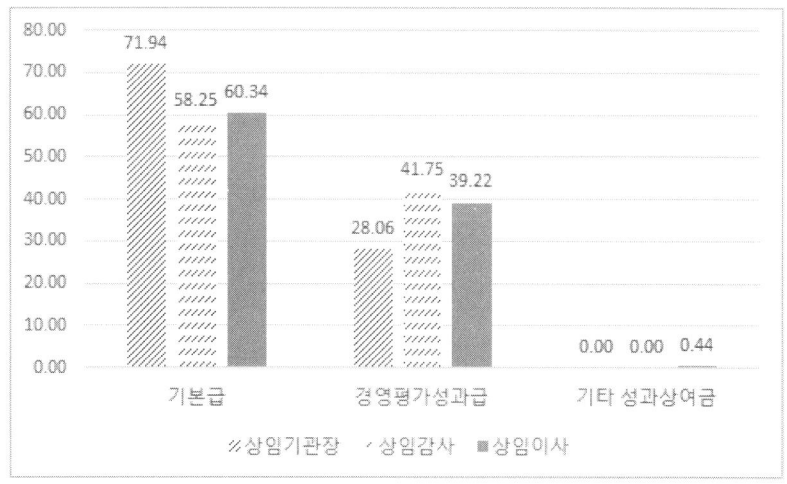

[그림 3-3] 임원의 연봉내역 비율 (2017년 결산)   (단위 : %)

　임원은 연봉제에 의하여 각종 수당들이 기본급에 포함되어 있고 직원의 경우는 기본급의 결정이 등급에 의하여 결정되고 여기에 각종수당이 더해져 임금이 구성된다. 정직원은 기본급이 65.54%로 가장 많은 비중을 차지하며 기타성과상여금이 13%, 경영평가 성과급이 10.19%로 그 다음을 차지한다. 정직원이 받는 고정수당 및 실적수당의 항목별 비율을 보면 실적수당인 연장근무가 31.38%로 가장 큰 비율을 차지하며 다음으로 고정수당인 직무급이 18.68%, 연봉가급고정급이 17.03%를 차지한다.

<표 3-27> 정규직 직원 평균보수 (단위 : 천원)

구분			2017년 결산	2018년 예산
기본급			54,008	58,491
고정수당	직무급		1,508	2,883	4,181
	연봉가급 고정급		1,375		
실적수당	연봉가급 실적급		191	5,190	-	3,410
	연봉외수당	연장근무	2,533		1,992	
		휴일근무	9			
		야간근무	951		997	
		연차휴가보상금	1,173		-	
	당직수수료		194		219	
	비상근무비		139		202	
급여성 복리후생비			1,212	1,929
경영평가 성과급			8,400	0
기타 성과상여금			10,716	10,656
1인당 평균 보수액			82,409	78,667

주: 경영평가 성과급의 경우 당해연도 예산은 경영평가 결과 미확정으로 0으로 기재

자료: 공공기관 경영정보 공개 시스템

[그림 3-3] 정규직 평균보수 및 고정·실적 수당의 항목별 비율 (2017년도)

(단위 : %)

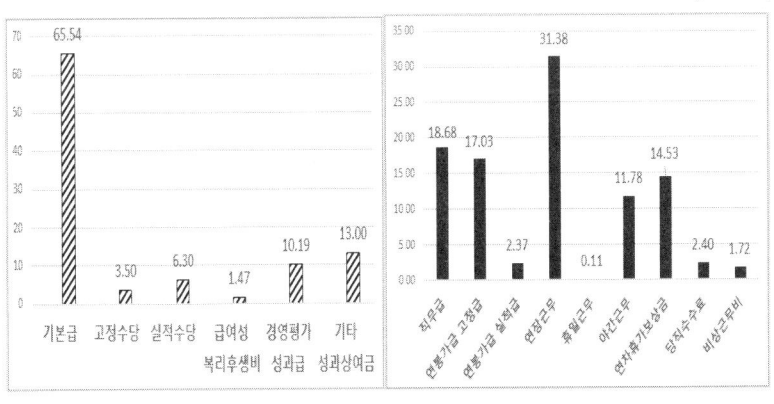

임금체계 현황 분석

(2) 직급별 임금밴드 (고정급, 총액임금)

A공사의 직급별 임금은 <표 3-28>과 같다. 1(가)직급은 고정급 기준으로 최저 80,232천원, 최고 120,122천원, 총액 기준은 93,955천원, 최고 161,292천원으로 조사되었다. 5직급의 경우 4(나)직급과 고정급을 기준으로 비교하면 분포가 거의 비슷한 수준이며 임금총액 기준으로는 5직급이 4(나)직급보다 높다. 이러한 이유로 5직급이 굳이 4(나)직급으로의 직급전환을 시도하지 않는다고 볼 수 있다.

<표 3-28> 직급별 임금밴드 (연급여) (2018년 12월 현재) (단위 : 천원)

직급	인원	근속연수(년)	고정급 기준 (자체성과급, 복리후생비, 경영성과급 제외)		
			최저	최고	평균
1가	122	33	80,232	120,122	101,392
1나	253	32	71,291	108,351	89,821
2	1,075	28	64,135	98,345	81,240
3	3,581	21	53,129	91,829	72,479
4가	3,247	18	51,976	82,856	73,221
4나	8,157	8	33,665	80,245	47,551
5	3,211	18	31,677	79,637	47,009
6	1,907	21	27,245	65,785	46,515

자료: 내부자료 활용.

[그림 3-4] 직급별 임금밴드 (고정급 기준)

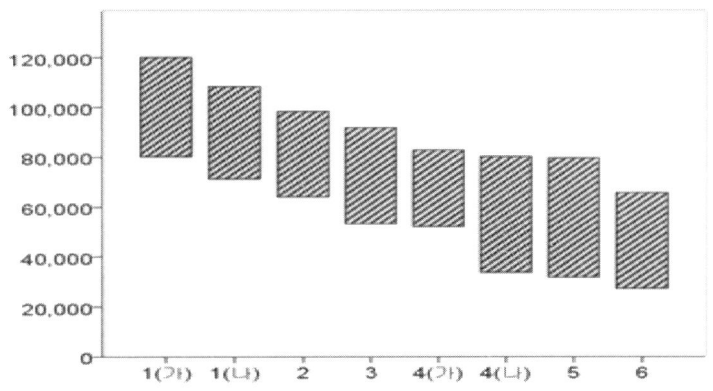

A공사의 상대적 임금격차, 즉 동일한 근속연수의 노동자들 간의 임금격차는 근속연수가 늘어날수록 커지고 있다. 총액기준 초임의 경우에는 20,465천원, 10년차일 경우는 24,195천원이며 20년차는 50,561천원, 30년차는 무려 78,774천원의 차이가 난다.

<표 3-29> 상대적 임금격차(연봉) (단위: 천원)

직종	근속연수	평균호봉	고정급기준 (천원) (기본급, 제수당, 고정상여)			총액기준(천원)		
			최저	최고	평균	최저	최고	평균
(공통) 직종	초임	1	25,938	42,992	34,214	31,125	51,590	41,056
	10년차	11	39,362	59,519	49,157	47,234	71,429	58,988
	20년차	17	41,382	83,516	66,580	49,658	100,219	79,896
	30년차	28	44,786	110,431	75,372	53,743	132,517	90,446

자료: 내부자료 활용

[그림 3-6] 상대적 임금격차 (총액기준)

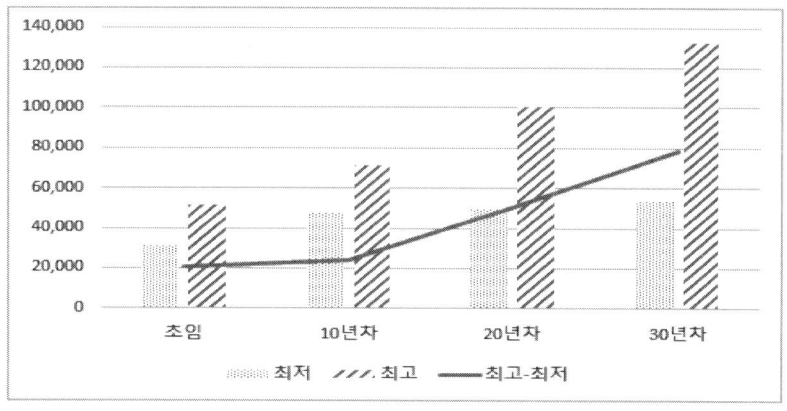

4. 직무기반 임금체계 개편 관련 상황5) 분석

1) 현장분위기

현장분위기는 직무급에 대한 정확한 정보가 제공되지 않은 가운데 현장 조합원들의 관심이 점차 높아지는 추세를 보이고 있다. 노동조합은 직무급을 성과연봉제의 연장선으로 규정하고 이에 대한 과거의 경험을 기반으로 투쟁을 준비하고자 하고 있다. 사원들이 직무급이 어떠한 제도인지 파악하지 못해 반응을 하지

---

5) A공사의 임금체계 개편에 관한 사측 입장과 노조측 입장 및 현장분위기를 알아보기 위해 인터뷰를 진행했다.

않고 있지만 만약 자신들의 기본급을 건드리는 임금체계 개편이라는 것을 알게 된다면 현장 내 큰 동요가 일어날 것으로 예상된다.

> 우선, 직무급이 도입되려고 하는데 집행부의 입장이 뭐냐고 묻는 조합원들이 있습니다. 그러나 실체가 드러나지 않았기 때문에 무엇이라고 정확히 이야기는 하지 못하지만 조합원들이 관심이 큰 것은 사실입니다. 조합에서는 직무급이 단순히 직무급이 아니라 성과직무급 즉, 직무급을 가장한 성과연봉제라고 생각합니다. 이는 예전의 임금체계 개편 논의와 다르게 기본급을 건드리는 것으로 기재부가 성과연봉제를 도입하고자 밟는 수순이라고 생각합니다.
>
> (노조 기획국 B국장)

> 직원들 관심은 있지만 반응이 그리 크지 않은 것이 사실인데 이는 실상 제대로 모르고 있다는 반증일 수 있습니다. 왜냐하면 직무급제를 지금 지급하고 있는 직무급의 연장선상에서 수당정도로만 생각하고 있을 수 있기 때문입니다. 만약, 직무급제가 기본급을 건드리는 것이라는 것을 알기라도 하게 되면 여론은 불붙을 것입니다.
>
> (사측 노무처 급여부 A차장)

2) 직무급제 도입 시 우려되는 사항

A공사의 가장 많은 인원이 포진되어 있는 4직급의 반발이 우려될 수 있는 상황이라고 진단할 수 있다. 왜냐하면 굳이 3직급

으로 승진을 하지 않아도 임금이 계속 상승하여 보전이 되는 구조인데 직무급이 도입되어 등급에 캡이 씌워지면 승진 말고는 임금 상승을 기대할 수 없는 구조로 변경되기 때문에 이에 대한 반발이 상당히 커질 것으로 보인다. 그러나 A공사의 경우에는 순환보직으로 인한 직무급제 도입에 관한 문제 발생은 타 기관보다 적음을 알 수 있었다.

> 기존에 교대근무자들의 휴가자들을 대신하여 근무하는 대리근무 가능 일수에 대한 제한으로 15개까지만 가능하게 하는 제도를 도입한 적이 있었습니다. 이것이 대리근무 가능 일수에 캡을 씌운 것이라고 생각할 수 있습니다. 이때 자신들이 임금삭감이 전혀 없었음에도 불구하고 반발이 굉장하였는데 이번 직무급제가 도입되어 등급에 캡이 씌워지면 그 반발은 대리근무 때와는 비교도 할 수 없을 만큼 엄청날 것이라고 생각합니다.
>
> (노조 기획국 B국장)

3) 직무급제 도입방안

A공사의 사측은 직무급제 도입에 관한 직원들의 반발을 최소화하는 방안을 중심으로 내부 논의를 진행하고 있다. 그중 하나는 정부안에 대해 대응 논리를 만들고자 직무를 분류하고 평가한다는 것이다. 현재는 기존의 직무급을 지급하기 위한 직무분류 및 분석은 이미 다 이루어져 있는 상태이다. 그러나 기존의

직무에 대한 분석으로 직무급제를 도입하기에는 부족하여 인사처에서는 이를 바탕으로 한 임금체계를 위한 직무분석을 진행하고 있다.

> 정부안이 나왔을 때 수용여부와 관계없이 여러 이유로 직무급이 문제가 있을 수 있고 어려울 수 있다는 근거를 만들기 위해 기관의 특성과 직무의 특성 등을 파악하려 하고 있다. 아마도 인사처에서 진행하고 있을 것이다.
> (사측 노무처 급여부 A차장)

두 번째는 일반적으로 생애소득 측면에서 임금체계 개편에 대한 논의를 제의하기도 했다. 생애 전체 소득의 기울기를 완만하게 하자는 것인데 입사 초기의 임금을 높이고 근속이 길어질수록 완만한 기울기를 만들어 임금이 완만하게 상승할 수 있게 하자는 것이다. 그러면 임금체계 개편과 관련한 직원들의 반발이 줄어들 것으로 예상된다. 노동조합은 직무급제 도입을 원칙적으로 반대하며 전면적 투쟁을 전개할 것이라고 주장한다.

제 2 절

B공사의 사례

1. 기관 조직 현황 및 개요

B공사는 토지의 취득·개발·비축·공급, 도시의 개발·정비, 주택의 건설·공급·관리업무를 수행함으로써 국민 주거 생활의 향상과 국토의 효율적인 이용을 도모하여 국민경제의 발전을 이바지할 목적으로 2009년 10월에 두 공사의 통합으로 설립되었다. 주무 기관은 국토교통부이다.

B공사는 본사, 연구원, 대학교, 지역본부 및 사업본부 등으로 구성되어 있다. 본사는 8개의 본부와 4개의 실로 이루어져 있으며 각 본부에는 실이나 처가 속해 있다. 연구원은 연구지원처, 연구기획실 및 연구조직으로 구성되어 있으며 지역본부는 12개가 존재하고 하부조직으로 사업본부가 존재한다.

B공사의 고용형태별 정원 및 인원현황은 <표 3-30>과 같다. 2018년 9월 30일 현재 총 임직원 정원은 8,539명이며 이 중 78.89%인 6,736명이 정규직이고, 21.03%인 1,796명이 무기계약직이다. 또한 전일제 및 단시간 기간제 비정규직[13]은 2018년 9월 30일 현재 1,274.25명이다.

<표 3-30> 고용형태별 정원 및 인원 현황 (2018년 9월 30일 현재) (단위: 명)

구 분			2015	2016	2017	2018(3/4)
임원	정원 (A)		7	7	7	7
	현원		7	7	7	7
정규직	정원 (B)		6,093	6,124	6,448	6,736
	현원	계	5,942.75	6,064.50	6,448	6,390.875
		전일제	5,939	6,060	6,441	6,388
		단시간	3.75	4.50	7.00	2.875
무계 계약직	정원 (C)		318	458	1,796	1,796
	현원	계	294.00	436.75	1,666	2,054.25
		전일제	294	436	1,585	1,923
		단시간	0.00	0.75	81.00	131.25
임직원총계 (A+B+C)			6,418	6,589	8,251	8,539
임금 피크제 별도정원	정규직		0	105	92	92
	무기계약직		0	0	0	0
탄력정원	정규직		0	0	0	0
	무기계약직		0	0	0	0
비정규직	기간제	전일제	1,479	1,304	143	1,272
		단시간	0	0	0	2.25
	기타		0	0	0	0
	비정규직 계		1,479	1,304	143	1,274.25
	정규직 전환	전환계획	57	140	1,261	0
		전환실적	57	140	1,263	0
		전환비율	100	100	100.16	-
소속 외 인력	파견		393	434	370	74
	용역		477	436	1,602	1,800
	사내하도급		0	0	0	0
	소속 외 인력 계		870	870	1,972	1,874
	정규직 전환	전환계획	0	0	0	1,275
		전환실적	0	0	0	329
		전환비율	-	-	-	25.8

자료: 공공기관 경영정보 공개 시스템, 2018. 12.

비정규직의 정규직으로의 전환은 2017년 1,261명이 계획되었고, 1,263명이 실제 전환되어 전환율이 100.16%에 도달하였다. 이 밖에도 기관 소속 외 인력으로 파견은 74명, 용역은 1,800명이 존재하며 2018년 9월 현재 소속 외 인력의 정규직 전환계획 1,275명 중 329명이 정규직으로 전환되어 25.8%의 전환율을 달성했다. 2016년에 비하여 2017년 임직원 정원이 6,589명에서 8,251명으로 갑자기 증가한 이유는 비정규직의 정규직 전환으로 무기계약직이 큰 폭으로 증가했기 때문이다.

B공사의 노동조합은 4개의 복수노조 형태이다. 두 개의 기관이 합쳐지면서 두 기관에 각각 존재하였던 노조 통합 후에도 그대로 유지된 노조 두 개와 통합 이후 새롭게 입사한 직원들에 의하여 설립된 통합노조가 존재한다. 제4노조인 연합노조는 정부의 성과연봉제에 대응하기 위하여 한시적으로 만들어진 노동조합이다. 그리하여 4개의 노조로 등록되어 있지만 실질적으로는 연합노조를 제외한 3개 노조가 존재한다고 할 수 있다. 제1노조와 제2노조는 같은 해 1987년 8월과 10월에 결성되었으며 두 노조 모두 한국노총이 상급단체이다. 제3노조는 2015년 8월에

---

6) 현재 비정규직 근로자를 고용할 경우 상시·지속적 업무에 사용하면 안 된다. 다만 ① 사업의 완료 기간 또는 특정한 업무의 완성에 필요한 기간이 명확한 일시·간헐적 업무의 경우, ② 전문적 지식·기술의 활용이 필요한 경우, ③ 정부의 복지정책·실업대책 등에 따라 일자리를 제공하는 경우, ④ 휴직대체 등 보충적으로 근로하는 경우 등에 한하여 제한적으로 채용할 수 있다.

설립되었고 제4노조인 연합노동조합은 정부의 성과연봉제에 대응하기 위해 2016년 4월에 설립되었다. 이들 노동조합의 조직률은 제1노조는 54.81%, 제2노조는 42.89%, 제3노조는 19.24%, 제4노조는 53.95%에 이른다. B공사의 노동조합은 동시가입이 가능하며 그 수는 정규직의 경우 4,075명, 비정규직은 252명, 무기계약직은 840명이다. 그리하여 동시가입자 수를 고려한 총 조합원은 정규직 5,501명, 비정규직 252명, 무기계약직 1,929명이다. 또한 2017년 9월, 제1노조와 제2노조, 제3노조의 교섭창구가 단일화되었다.

<표 3-31> 노동조합 현황 (2018년 3/4분기 기준)

명 칭	상급 단체	설립일	대상 인원(명)	조합원수 (명)		가입률 (%)	교섭권
제1노조	한국노총	1987. 08.08	7,927	정규직	2,755	54.81	O
				비정규직	252		
				무기계약직	1,338		
제2노조	한국노총	1987. 10.24	7,927	정규직	1,941	42.89	O
				비정규직	252		
				무기계약직	1,207		
제3노조	미가입	2015. 08.04	7,927	정규직	847	19.24	O
				비정규직	252		
				무기계약직	426		
제4노조	미가입	2016. 04.20	7,927	정규직	4,052	53.95	X
				비정규직	0		
				무기계약직	225		

자료 : 공공기관 경영정보 공개 시스템, 2018. 12

한편 B공사 노동조합은 2019년 3월에 실질적인 3개 노조를 통합하기로 합의하고 그 절차에 들어가기로 했다. 2019년부터 시작되는 통합노조 1대와 2대에는 공동위원장 체재로 운영되었다가 2023년에는 통합위원장으로 단일화할 예정이다.

2. 직급 및 승진체계

1) 직급 및 정원

B공사의 직급은 1급부터 6급의 사무, 기술, 기능직이 존재하며, 기타 무기계약직과 별도직군이 존재한다. 일반직의 1급부터 5급까지의 직제상 정원은 완전하지는 않지만 피라미드 모형으로 2018년 9월 30일 현재 4-5급이 가장 많은 3,651명, 3급 2,192명, 2급 431명, 1급 75명으로 구성되어 있다.

직제상 정원은 총 인건비 기준에 따라 정부로부터의 관리·감독 하에 정해지며 현원의 경우는 이러한 직제상 정원을 기반으로 기업의 상황과 사정에 의해 구성된다. 그리하여 1급부터 3급까지는 정원과 비슷한 규모로 현원이 구성되어 있지만 4~5급은 직제상 정원에 훨씬 못 미치는 4급 2,386명과 5급 448명으로 구성되어 있다. 반면 6급 사무, 기술, 기능직의 경우 정원은 295명인데 현원은 856.5명으로 정원보다 많은 인원이 존재한다. 무기계약직의 경우에는 정원이 1,796명이지만 현원은 2,054.25명으로 나타나고 있다. 이는 비정규직의 정규직화로 인하여 무기계약직이 증가했기 때문으로 풀이된다.

또한 별도 직군은 경력업무직 중 퇴직을 1년 남긴 임금피크제에 걸려 있는 직원들로서 일반적으로 예산편성 시 기재부에서 이들에 대한 인건비를 제한다. 현재 이들 별도 직군에 속하는 직원은 81명이다.

<표 3-32> 직급별 정원 및 현원 (2018년 9월 30일 현재)　　(단위 : 명, %)

구분	직제상 정원	현원			
		현원 계	남성	여성	비율 (%)
임원	7	7	6	1	0.08
1급	75	68	67	1	0.80
2급	431	426	423	3	5.04
3급	2,192	2,125	2,014	111	25.14
4급	3,651	2,386.38	1,895	491.375	28.23
5급		448	280	168	5.30
6급 외	295	856.5	440	416.5	10.13
무기계약직	1,796	2,054.25	691	1,363.25	24.30
별도직군	92	81	77	4	0.96
합계	8,539	8,452.13	5,893	2,559.13	100.00

주: 4~5급 통합운영 중
자료: 공공기관 경영정보 공개 시스템, 2018. 12

[그림 3-7] 직급별 정원 및 현원 (단위 : 명)

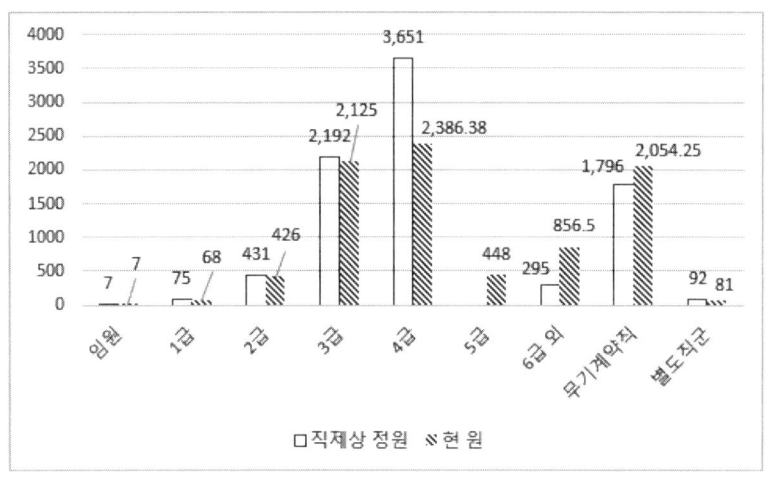

2) 직급별 업무분장

B공사의 직원은 일반 직원, 경력업무직원, 별정 직원 및 업무 직원 등으로 구분된다. 일반 직원의 직급은 1급~6급으로 구분되며, 1급은 경영직, 2급부터 6급까지는 사무직과 기술직, 기능직의 직군으로 구성되어 있다. 일반적으로 직원의 채용은 공개경쟁시험에 따르며 학력에 따른 제한을 두지 않는 것을 원칙으로 한다. 하지만 <표 3-33>과 같은 자격기준을 가진 자는 1급에서 5급 중 그에 해당하는 직급으로 채용한다. 또한 6급의 경우는 공개경쟁시험 또는 제한경쟁시험을 원칙으로 하고 있다.

<표 3-33> 직원신규채용 시 직급결정 기준표

구 분	내 용
1급	1. 공무원 3급으로 1년 이상 경력소지자 2. 공기업·준정부기관의 동일 직급에서 1년 이상 경력소지자 3. 대령 이상으로 1년 이상 경력소지자(비상계획담당에 한함) 4. 이상과 동등한 자격이 있다고 인정된 자
2급	1. 공무원 4급으로 1년 이상 경력소지자 2. 공기업·준정부기관의 동일 직급에서 1년 이상 경력소지자 3. 조교수 이상으로 1년 이상 경력소지자 4. 중령 이상으로 1년 이상 경력소지자 5. 이상과 동등한 자격이 있다고 인정된 자
3급	1. 공무원 5급으로 1년 이상 경력소지자 2. 공기업·준정부기관의 동일 직급에서 1년 이상 경력소지자 3. 전임강사 이상으로 1년 이상 경력소지자 4. 소령 이상으로 1년 이상 경력소지자 5. 이상과 동등한 자격이 있다고 인정된 자
4급	1. 공무원 6급으로 1년 이상 경력소지자 2. 공기업·준정부기관의 동일 직급에서 1년 이상 경력소지자 3. 대위 이상으로 1년 이상 경력소지자 4. 석사학위 소지자 5. 이상과 동등한 자격이 있다고 인정된 자
5급	1. 공무원 7급으로 1년 이상 경력소지자 2. 공기업·준정부기관의 동일 직급에서 1년 이상 경력소지자 3. 학사학위 소지자 4. 이상과 동등한 자격이 있다고 인정된 자

자료: 인사규정

<표 3-34>는 각 직급의 직위를 나타낸 것이다.

　우선 1급은 본부장, 부문장, 처장 등과 같은 직위를 가지며 명칭은 일반적으로 처장으로 통일한다. 2급도 처장, 실장, 지역본부장 등의 직위를 가지며 일반적으로 부장으로 불린다. 3급은 지사장, 단장, 팀장 등의 직위에 종사하며 보통 3급으로 9년 이상 근속한 경우에는 부장 대우, 3급으로 9년 미만 근속한 경우에는 차장으로 직급 명칭을 부여하고 있다. 또한 4급 경우는 팀장, 소장, 차장 등의 직위를 부여하고 4급으로 13년 이상 근속 시 차장 대우, 4급으로 3년 6개월 이상 근속 시 과장, 4급으로 3년 6개월 미만 근속 시 대리로 명칭을 부여한다. 5급의 경우는 사원, 감독, 연구원, 팀원 등의 직위에 종사하며 5급 전체를 사원으로 구분한다. 6급은 6급 임용 후 20년 이상 근속자 또는 20년 이상 근속자 중 55세 이상인 자는 과장 대우, 10년 이상 근속자는 계장, 2년 이상 근속자는 주임, 2년 미만 근속자는 사원으로 구분하여 명칭을 부여한다.

　또한 6급에서 5급으로 임용 시 과장 대우와 주임은 4급 승진 전까지 직전 명칭을 계속 사용하고 계장은 대리로 명칭을 변경한다. 여기서 중요한 것은 명칭은 근속을 기준으로 구분될 뿐 평가의 결과로 얻어지는 것이 아니라는 점이다.

<표 3-34> 일반 직원의 직급별 직위 및 직군, 직렬

직 급	직 위	직군	직렬
1급	본부장, 부문장, 처장, 실장, 지역본부장, 사업본부장, 지사장, 단장, 원장, 관장, 부장, 팀장, 소장, 센터장, 교수, 연구원, 팀원	경영직	-
2급	처장, 실장, 지역본부장, 사업본부장, 지사장, 단장, 원장, 관장, 부장, 팀장, 소장, 센터장, 교수, 연구원, 팀원	사무직	행정/사업/재경/전산/지적
3급	지사장, 단장, 팀장, 관장, 부장, 차장, 소장, 센터장, 교수, 연구원, 감독, 팀 원	기술직	토목/건축/전기/기계/도시계획/조경/환경/화공/교통
4급	팀장, 소장, 차장, 과장, 대리, 감독, 연구원, 팀원		
5급	사원, 감독, 연구원, 팀원		
6급	과장대우, 계장, 주임, 사원, 팀원	기능직	기능사무/기능기술

자료: 인사규정

<표 3-35> 일반 직원의 직급 명칭

직급	명칭	대상자격 요건
1급	처장	1급 전체
2급	부장	2급 전체
3급	부장대우	3급으로 9년 이상 근속
	차장	3급으로 9년 미만 근속
4급	차장대우	4급으로 13년 이상 근속
	과장	4급으로 3년6개월 이상 근속
	대리	4급으로 3년6개월 미만 근속
5급	사원	5급 전체

직급	명칭	대상자격 요건
6급	과장대우	6급 임용 후 20년 이상 근속자 또는 20년 이상 근속자 중 55세 이상인 자
	계장	10년 이상 근속
	주임	2년 이상 근속
	사원	2년 미만 근속

주: 6급에서 5급 임용 시 명칭은 '과장 대우', '주임'은 4급 승진 전까지 직전 명칭을 계속 사용하고, '계장'은 '대리'로 명칭을 변경한다.
자료: 인사자료

<표 3-36>은 업무 직원인 무기계약직 직원의 직군, 직렬, 직무를 구분한 것이다. 업무 직원은 행정업무와 기술업무, 전문업무의 직렬로 구분하여 주거복지관리 및 주거급여 현장조사 등에 관한 직무를 수행한다. 또한 업무직원으로 임용 후 10년 이상 근속자의 경우는 계장대우, 업무직 임용 후 2년 이상 근속자는 주임, 2년 미만 근속자는 사원의 직급 명칭을 부여한다.

<표 3-36> 업무 직원의 직군, 직렬, 직무 구분

직군	직렬	직무구분
업무직	행정업무	주거복지관리
		고객관리
		임원비서
	기술업무	시설관리/하자보수
		승강기관리
		건설사업지원

직 군	직 렬	직무구분
업무직	전문업무	기록물관리
		보건·영양관리
		해외사업지원
		법무관리
		품질시험인증
		도시·건축사업전문
		녹색건축
		집단에너지
		연구
		취사
		차량운행·관리
		주거급여 현장조사

자료: 업무직원 운영지침

<표 3-37> 업무 직원의 직급 명칭

명칭	대상자자격요건
계장대우	업무직 임용 후 10년 이상 근속자
주임	업무직 임용 후 2년 이상 근속자
사원	업무직 임용 후 2년 미만 근속자

자료: 업무직원 운영지침

직원은 1인 1직위 부여를 원칙으로 하되, 자질향상을 통한 인력활용의 극대화 및 유휴인력 방지와 동태적인 조직 및 인력관리를 통한 경영성과의 제고를 위하여 필요한 경우에는 1인 2직위 이상을 부여하기도 한다.

<표 3-38>은 2018년 11월 현재 직급별 보직 현황이다. 보직은 직원에게 그 자격 및 적성에 따라 일정한 직위를 부여하는 것을 말하는데 1급은 전체 인원 67명 중 21명이 보직자로 31%, 2급은 425명 중 238명 중 56%, 3급은 90%, 4·5급은 93%가 보직자이다.

<표 3-38> 직급별 보직 현황 (2018년 11월 현재)

직급		임원	1급	2급	3급	4,5급	6급 외	별도정원	무기계약직	합계
전체 인원 (명)		7	67	425	2,128	2,937	893	79	2,297	8,833
보직자	인원(명)	7	21	238	1,918	2,731	803	-	2,256	7,974
	비율(%)	100	31	56	90	93	90		98	90

주: 보직자는 직제규정에 의거 해당 직급에 상응하는 일정한 직위를 부여받은 직원으로 가용인력기준 (임금피크 직원 제외)
자료: 내부자료

3) 승진관리

B공사의 승진[7]은 직급승진과 직위승진[8] 두 가지로 이루어진다. 직급승진의 경우 임금이 상승하지만 직위승진의 경우는 직위가 올라가더라도 임금이 상승하지 않는다.

B공사의 신규채용은 5급 또는 6급에서 이루어지며 신규채용 시 경력이 없는 경우 초임호봉은 1호봉부터 시작하고 경력이 있는 경우 경력환산기준에 따라 호봉이 결정된다. 승진임용은 직하위 직급에 재직하는 직원 중에서 임용하되, 근무성적 평정 등 성과와 능력에 의하며 공사 업무의 안정과 계속성, 혁신과 발전, 청렴성 등을 고려하여 공정하게 실시한다.

우선 승진임용 예정인원은 해당 직급별 결원 범위에서 결정하는데 인사관리단위별 또는 심사단위별 승진후보자 서열명부의 고순위자 순으로 5~7배수를 정하고 이 범위 내의 인원을 승진심사위원회의 심사를 거쳐 임용한다. 직원의 직급별 승진소요 최저연수는 <표 3-39>와 같다.

---

[7] '승진'이란 하위 직급에서 상위 직급으로 또는 동일 직급 내 하위 등급에서 상위 등급으로 임용되는 것을 말하며, "승급"이란 동일 직급 또는 동일 등급 내에서 현재 연봉 등급보다 상위 연봉등급을 부여받는 것을 말한다.
[8] 승진 TO가 좀처럼 나지 않아 인원이 적체되어 직위승진이라는 제도를 이용하고 있다.

<표 3-39> 승진체계

구분	방법	승진소요 최저연수*	비고
2급→1급	심사	2.6년	승진심사위원회
3급→2급	심사	3년	승진심사위원회 직급대우
4급→3급	심사	3년	자격시험(현재시행×) 승진자격 교육이수 승진심사위원회 직급대우
5급→4급	근속	1.6년	자동승진
6급 사무직·기술직 → 5급	심사	5년	승진심사

자료: 인사규정 제21조(승진소요최저연수)
주: 승진소요 최저연수에는 휴직기간, 직위해제기간, 정직 또는 강등처분으로 직무에 종사하지 못하는 기간은 포함되지 않는다.

    3급 이상 직원으로 승진하는 경우 승진심사를 위하여 승진심사위원회를 설치 운영하는데, 부사장을 위원장으로 하고 본사의 본부장 및 인사부서장을 위원으로 구성하며 필요한 경우 연구원장 및 사장이 지정하는 1급 직원을 포함하여 구성한다. 2급 이상 직원으로의 승진 임용은 승진소요 최저연수 경과자로서 범위 내에 해당하는 자를 대상으로 승진심사위원회의 심사에 따르며, 3급 직원으로의 승진은 자격시험 또는 3급 승진자격시험 대체교육 이수자로서 승진후보자 서열명부의 고순위자 순으로 범위 내에 해당하는 자를 대상으로 승진심사위원회의 심사를 거친다.

  5급에서 4급으로의 승진은 승진소요 최저연수에 도달하면 자동으로 승진한다. 6급의 경우 사무·기술직 및 기능직이 존재하는데 6급 사무직과 기술직의 경우는 공채를 통하여 입사하며 이들의 5급으로의 승진은 입사 5년 후 승진심사를 통하여 이루어진다. 6급 기능직은 2018년 12월 현재 존재하기는 하나 2019년 1월 6급 공채 직원들과 통합될 예정이다. 그러나 6급 기능직의 임금테이블은 그대로 존재하며 무기계약직과 기간제 근로자들이 내부채용에 의하여 6급에 진입한 경우 이를 적용받는다. 6급 기능직 직원의 5급 승진은 승진시험을 통하여 이루어진다. 또한 6급 기능직 직원의 2등급에서 1등급으로의 승진은 승진소요 최저연수 4년에 도달한 자 중에서 이루어진다.

  <표 3-40>에서 나타나듯이 5급에서 4급으로의 승진은 1년 6개월이 지나면 자동 승진된다. 그러나 4급에서 3급으로의 근속승진 실제 연수는 8.6년이고, 3급에서 2급은 21년, 2급에서 1급은 23.4년이 소요된다(채준호 외, 2017: 12).[9]

---

9) 다만 직급 내 행정·토목·건축 등으로 직렬구조가 세분화 되어 있고 각각의 근속과 승진연한이 다른데 이들의 평균을 이용하여 승진연한을 구하는 것은 무의미하다. (인사담당자A)

<표 3-40> 일반직 직급별 인원구성과 최소 승진연한 (2018년 11월 현재)

직급	인원수 (현원:명)		보직자 비율 (%)	승진연한 (제도상:년)	승진연한 (실제:년)	평균근속 연수(년)	연령(세)		
	남	여					최고	최소	평균
1급	136	4	89%	2.6년	23.4	29.1	56.8	50.8	54.8
2급	662	20	87%	3년	21	27.8	56.8	45.8	53.6
3급	2010	212	95%	3년	8.6	21.7	60.8	35.8	48.1
4급	1405	453	92%	1.6년	1.6	13.4	60.7	25.7	40.3
5급	278	169	99%	-	-	1.4	46.2	22.8	28.0
6급	331	391	94%	-	-	16.1	60.7	18.6	38.31

자료: 내부자료; 채준호 외(2017. 12)

직급승진의 승진자 연봉등급의 부여는 해당 직급 또는 등급의 최하위 연봉등급과 가산된 연봉등급이나 특별승급 연봉등급 중 높은 등급을 적용한다. 승진 임용후의 보수가 승진하기 직전의 보수보다 적게 되는 경우에는 승진하기 직전의 보수와 동일한 보수에 해당하는 등급을 부여한다. 만일 동일한 보수에 해당하는 등급이 없는 경우에는 승진하기 직전의 보수보다 높은 금액의 등급을 승진 임용시의 등급으로 결정한다. 또한 종전 6급 기능직 직원이 직급 내 하위등급에서 상위등급으로 등급승진을 할 경우에는 승진 후의 기본급이 승진 전 수준에 미달하지 않는 승진 등급의 최저연봉등급을 부여한다.

일반직의 상위직급으로 승진 시 별도의 승진수당은 없으나, 승진가급으로 기본급을 인상하고 있는데 5급에서 4급으로의 승진 시에는 약 500만원, 4급에서 3급으로의 승진 시에는 약 270만원, 3급에서 2급 승진 시 390만원, 2급에서 1급 승진 시 320만원 정도의 기본급을 인상한다.

<표 3-41>은 2018년 현재 무기계약직 인원구성과 최소 승진연한을 나타낸 것이다. 평균 근속연수는 1.6년이고 최소 19.8세부터 최고 60.7세까지 상당히 넓은 연령대를 포함하고 있다.

<표 3-41> 무기계약직 인원구성과 최소 승진연한 (2018년 11월 현재)

직급명	인원수 (현원:명)		보직자 비율(%)	승진연한 :제도상 (년)	승진연한: 실제 (년)	평균근 속연수 (년)	연령(세)		
	남	여					최고	최소	평균
업무직	782	1514	98%	-	-	1.6	60.7	19.8	36.4

자료: 내부자료

B공사에는 직급대우로의 임용이 존재한다. 4급 이상 직원으로서 해당 직급에서 일정 기간 근속한 자 중 업무수행 능력 및 실적을 감안하여 직상위 직급대우로 임용할 수 있다. 4급에서 3급으로 승진이 되어야 하는데 승진이 되지 못하고 13년 이상을 4급으로 근속한 자를 '차장 대우'라는 직급 대우로 임용하고 마

찬가지로 3급에서 2급으로의 미승진자 중 9년 이상 근속한 자에게 '부장 대우'라는 직급을 부여한다.

> 결론적으로 본사 승진제도의 가장 큰 특징은 규정상 승진 연한과 실제 승진에 소요되는 기간과의 갭이 발생, 이는 상위 직급의 TO가 많지 않아 인원이 적체되었다는 증거인데 이에 대한 대안으로 직위 승진 제도를 이용하여 어느 정도의 승진에 대한 불만을 해소하려 하고 있다는 것이다.
> (사측 인사관리처 B차장)

3. 임금체계 및 임금수준

1) 임금체계 및 구조

(1) 임금의 구성

B공사의 임금은 연봉제와 호봉제로 구분하여 적용되고 있다. <표 3-42>는 직원의 직급별 연봉등급표를 나타낸 것인데 1급 및 2급의 경우 하한액과 상한액이 정해진 연봉제가 적용되며 3급부터 6급까지는 호봉제가 적용되고 있다. 또한 3급~6급 사무·기술직은 20등급, 6급 기능직은 30등급으로 구분되어 있다.

<표 3-42> 직급별 연봉등급표

직 급	연봉등급
1급 및 2급	기본연봉 범위표(하한액~상한액)
3급	1등급~20등급
4급	
5급	
6급 사무직 · 기술직	
6급 기능직	1등급~30등급

주: 6등급 기능직의 연봉등급은 해당 직급 내에 세분화된 등급을 구분하고, 그 세분화된 등급별로 각각 적용한다.
자료: 내부자료

    B공사의 직급별 총액 임금구성 비율은 <표 3-43>과 같다. 이는 2017년 집행금액 기준이며 무기계약직 직원의 경우는 2018년 현원의 12개월 근무 시 추정액을 기준으로 하여 작성되었다. 집행 총액 임금을 보면 1급의 경우 73.75%가 기본급, 4.23%가 통상수당, 0.36%가 기타수당, 21.44%가 성과급으로 구성되어 있다. 앞서 서술한 것처럼 1급과 2급은 연봉제로 연장, 야간, 휴일 근로수당은 따로 지급되지 않는다. 5급의 경우 기본급이 다른 직급보다 더 높은 비율인 83.96%이며 성과급 측면에서는 내부평가급 4.59%, 경영평가급 3.79%의 낮은 비중을 차지한다.

<표 3-43> 직급별 임금구성 비율 (단위: %)

직급		정액급여		초과급여	기타	성과급		합계
		기본급	통상수당	연장,야간,휴일근로수당	기타수당	내부평가급	경영평가급	
일반직	1급	73.75	4.23	-	0.36	11.87	9.79	100
	2급	75.72	2.55	-	0.20	11.80	9.73	100
	3급	73.22	3.83	2.24	0.52	11.06	9.13	100
	4급	72.55	4.93	2.25	0.29	10.94	9.03	100
	5급	83.96	5.29	2.27	0.10	4.59	3.79	100
	6급	73.88	4.71	2.30	0.25	10.34	8.53	100
무기계약직		70.77	4.28	2.54	-	11.79	10.61	100

주: 일반직은 2017년 집행액 기준. 무기계약직은 2018년 현원의 12개월 근무시 추정액 기준(성과급 380% 가정)
자료: 내부자료

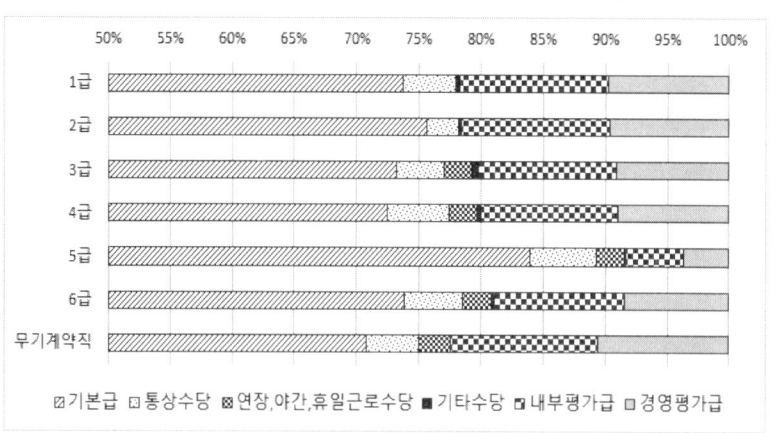

[그림 3-8] 직급별 임금구성 비율 (임금총액 기준)

(2) 기본급

기본급은 일반적으로 일반직원, 무기계약직, 기간제 근로자를 구분하여 살펴볼 수 있다. 먼저 1~2급 일반직원은 상한액과 하한액을 정하는 연봉제를 실시하고 있다. 1급의 경우 하한액 58,649,660원에서 상한액 112,043,950원 사이에서 기본급이 결정되며 2급의 경우 하한액 44,073,840원에서 상한액 95,980,560원 사이에서 기본급이 결정된다. 3급~ 6급까지는 호봉제를 적용하고 있다. 3급~6급사무직·기술직 직원은 20호봉, 6급 기능직 직원은 30호봉을 적용하고 있다.

<표 3-44> 1~2급 직원 기본연봉 범위표 (단위 : 원)

직급	상한액	하한액
1급	112,043,950	58,649,660
2급	95,980,560	44,073,840

자료: 직원보수규정

<표 3-45> 3~5급 직원과 6급 사무직·기술직 직원 기본연봉표 (단위 : 원)

직급 등급	3급	4급	5급	6급
1등급	37,727,640	31,355,760	26,855,880	22,572,840
20등급	63,261,360	53,671,200	39,234,000	34,057,200

자료: 직원보수규정

3급의 급간 피치는 모든 등급에서 동일하게 1,343,880원이며, 4급의 경우는 1~13등급까지는 1,096,320원, 14등급부터는 1,343,880원의 급간 피치가 존재한다. 5급과 6급도 모든 등급에서 동일한 피치를 가지는데 각각 651,480원, 604,440원이다. 급간 피치도 직급이 올라갈수록 높아진다.

[그림 3-9]는 3급~6급 사무직·기술직까지의 기본연봉표를 이용한 임금밴드를 그림으로 나타낸 것이다.

[그림 3-9] 3~5급 직원과 6급 사무직·기술직 직원 임금밴드

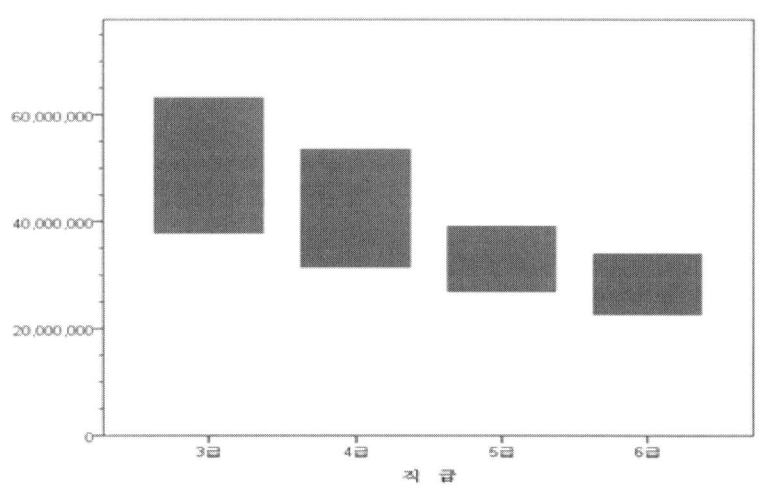

6급 기능직은 1등급과 2등급 직원으로 나눠 1호봉부터 30호봉까지의 호봉제를 실시하고 있다. 6급 1등급 호봉 간 피치는 1호봉부터 22호봉까지 980,640원이며 23호봉부터 30호봉까지는 1,133,040원으로 23호봉 이후부터는 호봉이 올라갈수록 임금이

더 많이 올라가는 형태를 띠고 있다. 이에 비해 6급 2등급의 경우에는 한 호봉이 올라갈 때마다 783,000원씩 임금이 증가한다. 같은 6급 기능직 간에도 등급에 따라 호봉 간 피치가 다르며 1등급이 2등급에 비하여 더 높다. 아래 [그림 3-10]은 6급 기능직 직원의 임금밴드를 나타낸 것이다.

<표 3-46> 6급 기능직 직원 기본연봉표　　　(단위 : 원)

등급 직급	6급 1등급	6급 2등급
1호봉	22,128,120	19,624,440
30호봉	51,785,880	42,331,440

자료: 직원보수규정

[그림 3-10] 6급 기능직 직원 임금밴드

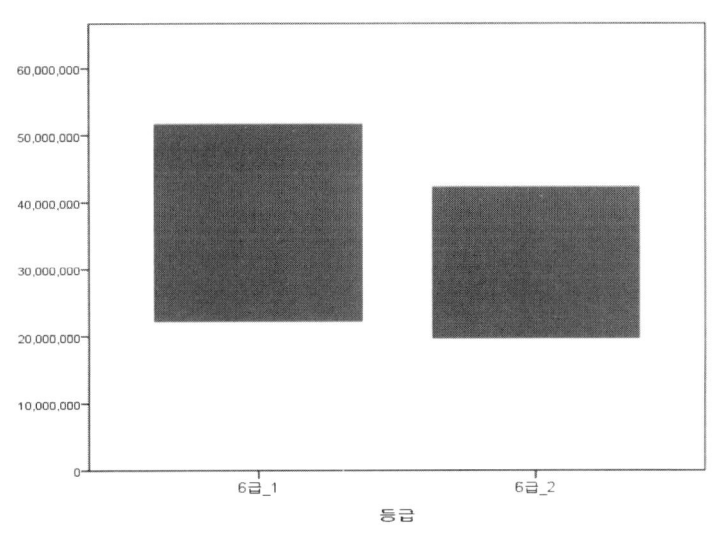

임금체계 현황 분석 ▌ 119

<표 3-47>은 무기계약직의 직무별 임금수준을 나타낸 것이다. 무기계약직의 직무별 임금은 정액으로 지급되고 있으며 주거복지관리나 고객관리, 품질시험인증 등의 직무가 가장 낮은 임금을 받고 녹색건축 직무가 가장 많은 임금을 받는다.10)

<표 3-47> 무기계약직의 직무별 임금수준 (단위 : 원)

직무명	임금	직무명	임금
주거복지관리	18,869,160	도시·건축사업 전문	사업1 : 20,266,560
			사업2 : 23,917,440
고객관리	18,869,160		사업3 : 26,539,560
임원비서	21,976,440	녹색건축	녹색1 : 24,861,300
주거급여 현장조사	18,869,160		녹색2 : 28,714,740
시설관리·하자보수	26,012,640		녹색3 : 29,833,500
승강기 관리	27,524,160	집단에너지	별도방침
건설사업지원	18,869,160	연구	연구1 : 20,266,560
기록물관리	23,037,600		연구2 : 23,917,440
보건·영양관리	25,144,320		연구3 : 26,539,560
해외사업지원	29,111,280	취사	23,864,040
법무관리	29,651,280	차량운행·관리	차량운행·관리1 : 23,057,040
품질시험인증	18,869,160		차량운행·관리2 : 25,642,440

자료: 업무직원 보수에 대한 지침

---

10) 참고로 무기계약직의 보수체계는 직무별 기본급 단가에 근속에 따른 가산급을 운영하는 '범위 직무급' 형태로 운영되고 있다.

<가산급 지급기준>

등급	1등급	2등급	3등급
금액	150,000/년	120,000/년	60,000/년

<표 3-48> 기간제 근로자 기본월봉표 (단위 : 원)

직무	직무내용	기본월봉
현장사무보조	건설 공사 현장의 사무보조	1,572,430
현장감독보조		2,102,380
폐기물계근요원	건설공사 현장의 감독보조 업무	1,572,430
폐기물관리요원	건설공사 현장의 폐기물 계량, 입력 등 폐기물 계근 관련업무	1,572,430
물건조사	토지보상 및 도시정비 사업지구의 토지, 지장물 등 물건조사업무 보조	1,572,430
사업수주	도시정비 사업지구의 주민동의서 징구, 동의서 징구지원, 현장사무소 관리	2,425,940
촉탁연구	수탁 또는 자체 연구과제수행 보조업무	· 연구1 : 1,688,880 · 연구2 : 1,993,120 · 연구3 : 2,211,630 · 연구4 : 2,501,870
현장관리	토지보상 및 도시정비 사업지구 경비 및 관리업무 관리토지, 용지 및 그 정착물을 유지, 보전 및 관리업무	1,572,430
체육	운동선수 및 지도자(피훈련자의 훈련과정 계획 및 필요한 체육훈련 지도·감독 업무)	별도방침
자문위원	군자문위원 등	별도방침
전문직무	「기간제 및 단시간근로자 보호 등에 관한 법률」 제4조 제1항 제5호에 해당하는 전문적 직무	별도방침
단기직무	기존 직무 외에 부득이한 업무 필요에 의해 연 9개월 미만을 활용하기 위한 직무	별도방침

자료: 기간제 근로자의 보수에 관한 지침

<표 3-48>은 기간제 근로자인 비정규직의 기본월봉표이다. 기간제 근로자는 16일 이상 기간의 정함이 있는 근로계약을 체결한 자를 말한다. 현장사무보조 및 현장감독보조 또는 현장관리 등의 직무를 수행하는데 직무가치에 기반 한 기준을 적용받으며 부가급여 및 성과급을 합한 금액을 보수로 받는다. 현장사무보조나 폐기물계근요원 등이 가장 작은 1,572,430원을 받고 수탁 또는 자체 연구과제수행 보조업무를 하는 촉탁연구직무가 가장 많은 기본월봉을 받는다.

(3) 수당체계

수당도 마찬가지로 일반 직원과 무기계약직, 기간제 근로자에 해당되는 체계가 각각 존재한다. <표 3-49>는 일반직원, <표 3-50>은 무기계약직, <표 3-51>은 기간제 근로자의 부가급여 지급항목을 나타낸 것이다.

<표 3-49> 일반직원 부가급여 지급항목 및 지급기준

	지급항목	지급기준	세부내용
1	시간외근무수당	통상임금×1.5/209×시간	근로기준법 제56조에 따른다.
2	휴일근무수당	통상임금×1.5/209×시간	근로기준법 제56조에 따른다.
3	야간근무수당	통상임금×0.5/209×시간	근로기준법 제56조에 따른다.
4	연차휴가수당	통상임금×1/209×8시간×일	근로기준법 제56조에 따른다.
5	특수지근무수당	기본월봉×6%	도서지역(제주도등)에 근무하는 6급 이상 직원에게 지급한다.

	지급항목	지급기준	세부내용
6	기술수당	국가기술자격법령에 의한 국가자격증 소지자로서 시장이 따로 지정하는 3급 이하 직원에게 지급한다. 다만, 자격증을 2개 이상 소지한 직원에게는 그 유리한 것 하나만 지급한다.	
		기술사: 144,000원	기술사, 공인회계사, 감정평가사, 세무사, 공인노무사, 법무사, 변호사 자격증소지자 및 박사학위소지자
		기사: 월 58,000원	기사, 공인중개사, 물류관리사, 정학예사, 주택관리사, 주택관리사보, 환지사, 사회복지사 1급, 주거복지사(국가공인) 자격증소지자
		월 47,000원	준학예사
		산업기사: 월 55,000원	산업기사, 간호사, 치과위생사, 영양사, 사회복지사 2급 자격증소지자
		기능장: 월 85,000원	6급 직원으로서 자격증 소지자
		기능사·기능사보: 월 28,000원	6급 직원으로서 자격증 소지자
		운전면허: (대형) 월 26,000원 (소형) 월 21,000원	6급 직원으로서 업무용 차량을 운전하거나 본사에서 차량을 관리하는 자
		워드프로세서 등: 월 23,000원	6급 직원으로서 주산, 부기, 타자, 워드프로세서 2급 이상 자격증 소지자
7	특수업무수당	▶ 특수시설물관리자: 산업기사 이상에 준하는 자격증소지자 또는 관계법령상 교육이수자: 월 55,000원 ▶ 기능장, 기능사, 기능사보, 또는 관계법령상 교육이수자: 월 31,000원	관계법령에 의거 공사업무 수행에 필요한 특수시설물 관리자로 선임되어 관계기관에 신고 된 직원에 한하여 지급하며 세부사항은 이를 사장이 따로 정한다.
		유해위험종사자: 월 50,000원	산업안전보건법 시행령 제32조의 8 제3항에 규정된 유해위험작업장에 근무하는 직원 중 사장이 따로 정하는 직원에게 지급한다.
		전산업무종사자 ▶ 전산일반: 월 50,000원 ▶ 정보보안: 월 70,000원	전산업무 종사 직원에게 지급하며, 세부사항은 사장이 따로 정한다.
		출납업무종사자: 월 38,000원	금전 또는 유가증권의 취급업무에 종사하는 직원에게 지급하며, 세부사항은 사장이 따로 정한다.
8	정근수당	기본월봉의 30%	지급일 현재 10년 이상 근속한 직원에 대하여 지급하며, 세부사항은 사장이 따로 정한다.

지급항목		지급기준	세부내용
9	다자녀수당	둘째자녀는 월 25,000원, 셋째자녀부터 1자녀 당 월 50,000원	둘째자녀부터 지급하며, 가족관계증명원을 제출·신고한 직원에게 지급한다.
10	중고자녀학자금	실비	복지후생규정에 따른다.
11	기타복리후생비	복지후생규정에 따름	복지후생규정에 따른다.
12	직무수당	월 100,000원 이상	지급대상, 지급기준 등 세부사항은 사장이 따로 정한다.

자료 : 직원보수규정

<표 3-50> 무기계약직(업무직원) 부가급여 지급항목 및 지급기준

지급항목	지급기준	세부내용
시간외(휴일)근무수당	기본월봉×1.5/209×5시간	근로기준법 제56조에 따름.
연차휴가수당	기본월봉×1.0/209×8×일수	근로기준법 제56조에 따름.
야간근무수당	기본월봉×0.5/209×근무시간	근로기준법 제56조에 따름.
특수업무수당	50,000원/월	「산업안전보건법 시행령」 제32조의 8 제3항에 규정된 유해위험작업장에 근무하는 직원 중 취사원
직무사당	100,000원/월 이상	세부사항은 사장이 따로 정한다.
정근수당	기본월봉의 30%	지급일 현재 10년 이상 근속한 직원에 대하여 지급하며, 세부사항은 사장이 따로 정한다.
다자녀수당	둘째자녀는 월 25,000원, 셋째자녀부터는 1자녀당 월 50,000원	둘째자녀부터 지급하며, 가족관계증명원을 제출·신고한 직원에게 지급한다.
기술수당	국가기술자격법령에 의한 국가자격증 소지자에게 직원보수규정을 준용하여 지급한다. 다만 자격증을 2개 이상 소지한 직원에게는 그 유리한 것 하나만 지급한다.	

자료: 업무직원 보수에 관한 지침

<표 3-51> 기간제 근로자 부가급여 지급항목 및 지급기준

지급항목	지급기준	세부내용
시간외(휴일) 근무수당	기본월봉×1.5/209×5시간	근로기준법 제 56조에 따른다.
야간근무수당	기본월봉×0.5/209×5시간	근로기준법 제 56조에 따른다.
연차휴가수당	기본월봉×1.0/209×8×일수	근로기준법 제56조에 따른다.
정기상여금	기본월봉×200%/12개월	기본월봉의 200%를 매월 급여 지급시 분할지급
성과급	사장이 별도로 정함	일부금액은 직무성과에 따라 차등지급
근속가급	1년 이상 계속 근무한 경우 매년 6만원을 지급하되, 이후 1년 경과마다 6만원을 추가하여 지급	연간 지급액을 월할 계산하여 매월 급여지급 시 지급
직무수당	100,000원/월 이상	세부사항은 사장이 따로 정한다.
정근수당	기본월봉의 30%	지급일 현재 10년 이상 근속한 직원에 대하여 지급하며, 세부사항은 사장이 따로 정한다.
다자녀수당	▶ 둘째자녀: 월 25,000원, ▶ 셋째자녀부터: 1자녀 당 50,000원	둘째자녀부터 지급하며, 가족관계증명원을 제출·신고한 직원에게 지급한다.
기술수당	국가기술자격법령에 의한 국가자격증 소지자에게 직원보수규정을 준용하여 지급한다. 다만, 자격증을 2개 이상 소지한 직원에게는 그 유리한 것 하나만 지급한다.	

자료: 기간제 근로자 보수에 관한 지침

(4) 실질성과급

B공사의 성과급은 내부성과급과 경영평가성과급으로 구분된다. 내부성과급과 경영평가성과급 모두 A등급부터 E등급까지 5등급으로 나뉘며 기준지급 등급은 C등급으로 40%를 배분하고 B와 D등급은 20%, A와 E등급은 각각 10%씩 배분한다. <표 3-52>은 내부성과급을 나타내고 있다. 1급과 2급은 기준등급인 C등급에 1.34, 1.16, 0.84, 0.67을 곱하여 각각의 지급률을 구하며, 3급 이하 직급은 기준등급인 C등급에 20%, 10%, -10%, -20%를 각각 더해 지급률을 구한다. <표 3-53>는 경영평가성과급을 나타내고 있다. 내부성과급과 똑같은 방법으로 성과급 지급률을 구했지만 3급 이하의 직급에서는 그 비율이 달라져 A등급은 30%, B등급은 15%, D등급은 -15%, E등급은 -30%를 적용하고 있다. 또한 무기계약직은 내부성과급의 경우 200%를 매월 균등하게 지급하며 경영평가성과급의 경우에는 3급 이하 직원과 같은 비율로 지급한다.

<표 3-52> 내부성과급

구 분		A	B	C	D	E
지급률	1·2급	Y* × 1.34	Y* × 1.16	Y*	Y* × 0.84	Y* × 0.67
	3급 이하	Y* + 20%	Y* + 10%	Y*	Y* - 10%	Y* - 20%
배분기준(%)		10	20	40	20	10
무기계약직		200%를 매월 균등하게 지급				

주: Y* : 200%

<표 3-53> 경영평가성과급

구 분		A	B	C	D	E
지급률	1·2급	Y × 1.34	Y × 1.16	Y*	Y × 0.84	Y × 0.67
	3급 이하	Y + 30%	Y + 15%	Y*	Y - 15%	Y - 30%
	무기계약직	Y + 30%	Y + 15%	Y*	Y - 15%	Y - 30%
배분기준(%)		10	20	40	20	10

주: Y* : 정부경영평가결과 성과급 지급률

(5) 직무급

B공사는 직무수당을 도입 운용하고 있는데, 직무수당은 기본 직무수당과 추가 직무수당으로 구분된다. 기본직무수당은 월 10 만원을 일괄 지급하는 형태로 운영하고 추가 직무수당은 기본 직무수당의 200% 범위 내에서 직무의 중요도 및 난이도에 따라 결정하되 세부 지급기준은 경영혁신본부장이 따로 정하여 운영 한다. 또한 직무수당은 재직 중인 직원 및 기간제 근로자를 대상 으로 지급하며 휴직자 또는 정직자는 그 기간에 한하여 지급하 지 않는다. 직무수당은 2014년 노조가 직급승진이 제대로 이루 어지지 못하는 현실에서 이에 대한 보완책으로 요구하여 설정된 항목이다.

2) 임금수준 및 현황

(1) 평균보수 및 수당

B공사의 임금수준을 임원, 정규직, 무기계약직의 2017년 평균

보수 및 수당의 분포를 중심으로 살펴보자. <표 3-54>는 임원의 연봉내역에 나타나듯이 임원은 성과연봉제를 적용하고 있다. 이 경우 임원의 기본급은 대체로 평균 60%를 상회하고 있으며, 경영평가성과급의 경우 총 임금에서 35% 이상을 차지하고 있다. 예를 들면 상임기관장의 경우는 기본급은 60.24%, 경영평가성과급은 39.76%를 구성되어 있다. 반면 상임감사와 이사의 경우 기본급이 차지하는 비율이 각각 61.84%, 64.52%로 상임기관장 보다 더 많은 부분을 차지하고 있다.

<표 3-54> 임원의 연봉내역 (2017년 결산)   (단위 : 천원)

임 원	상임기관장	상임감사	상임이사
기본급	116,766	93,411	93,411
고정수당	0	0	0
실적수당	0	0	0
급여성 복리후생비	0	0	0
경영평가성과급	77,066	57,635	51,376
기타 성과상여금	0	0	0
합 계	193,832	151,046	144,787
비고	연봉제	연봉제	연봉제

[그림 3-11] 임원 연봉 내역 비율   (단위 : %)

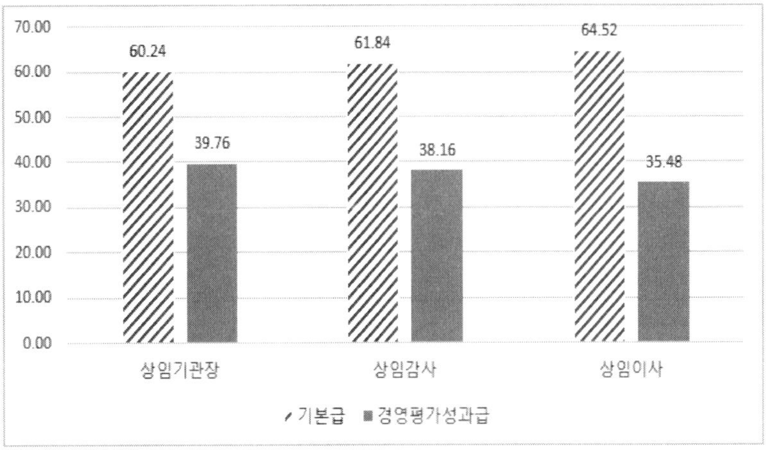

	상임기관장	상임감사	상임이사
기본급	60.24	61.84	64.52
경영평가성과급	39.76	38.16	35.48

자료: 공공기관 경영정보 공개 시스템, 2018. 12. 20

<표 3-55>은 2017년 12월 기준 정규직 직원 평균보수를 나타낸 것이다. 평균 보수는 기본급, 고정수당, 실적수당, 급여성 복리후생비, 경영평가성과급, 기타 성과상여금으로 구성되어 있다. [그림 3-12]는 정규직 직원의 평균보수 구성과 고정·실적수당의 항목별 비율을 보여주고 있다. 먼저 정규직 평균보수의 구성을 보면, 기본급은 71.92%, 고정수당은 4.61%, 실적수당은 2.15%, 급여성복리후생비는 0.37%, 경영평가성과급은 9.45%, 기타 성과상여급은 11.49%를 차지한다. 고정수당 및 실적수당의 항목별 비율을 살펴보면 직무급이 가장 많은 비율인 34.23%를 차지하며 다음으로 시간외 근무수당은 30.22%를 차지한다.

<표 3-55> 정규직 직원 평균보수 (2017년 12월 기준) (단위 : 천원)

구분		2017년 결산		2018년 예산	
기본급		53,889		60,518	
고정수당 *	직무급	1,735	3,456	1,458	2,906
	다자녀 수당 외 9	1,721		1,448	
실적수당	시간외 근무수당	1,532	1,613		2,511
	휴일근무수당	2			
	연차수당	12			
	당직비	67			
급여성 복리후생비		279		875	
경영평가 성과급		7,083		0	
기타 성과상여금		8,613		0	
1인당 평균 보수액		74,933		66,810	

주: 평가 성과급의 경우 당해연도 예산은 경영평가 결과 미확정으로 0을 기재
 * 고정수당 : 직무급, 다자녀수당, 기술수당, 전산수당, 출납수당, 위험수당, 특수지역수당, 국외수당, 특수시설물수당, 정근수당, 기타지급
자료: 공공기관 경영정보 공개 시스템, 2018. 12. 20

[그림 3-12] 정규직 평균보수 및 고정·실적 수당의 항목별 비율 (2017년 기준)

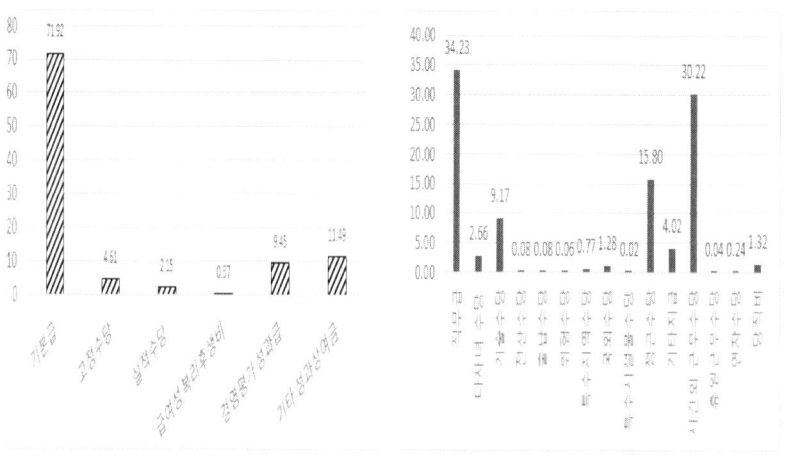

마지막으로 무기계약직 직원의 평균보수 및 비율 <표 3-56 >와 [그림 3-13]에 나타나 있다. 무기계약직의 기본급은 66.96%로 가장 높은 비율을 차지하며 고정수당과 경영평가성과급이 그 뒤를 이어 각각 19.61%, 9.11%를 차지하고 있다. 고정·실적수당 중 정기상여금이 가장 많은 비율을 차지하며, 그 다음으로 직무급, 시간외 근무 수당 순으로 나타나고 있다.

<표 3-56> 무기계약직 직원 평균보수 (2017년 12월 기준) (단위 : 천원)

구분		2017년 결산		2018년 예산	
기본급		17,420		21,487	
고정수당	직무급	1,630	5,101	1,039	5,381
	근속가급	297		139	
	정기상여금	3,159		3,947	
	기타지급	15		255	
실적수당	시간외 근무수당	1,023		2,604	
급여성 복리후생비		102		1,132	
경영평가 성과급		2,371		0	
기타 성과상여금		0		0	
1인당 평균 보수액		26,017		30,604	

주: 경영평가 성과급의 경우 당해년도 예산은 경영평가 결과 미확정으로 0으로 기재
자료: 공공기관 경영정보 공개 시스템, 2018. 12. 20

[그림 3-13] 무기계약직 직원 평균보수 및 고정·실적 수당의 항목별 비율 (2017년도 결산)

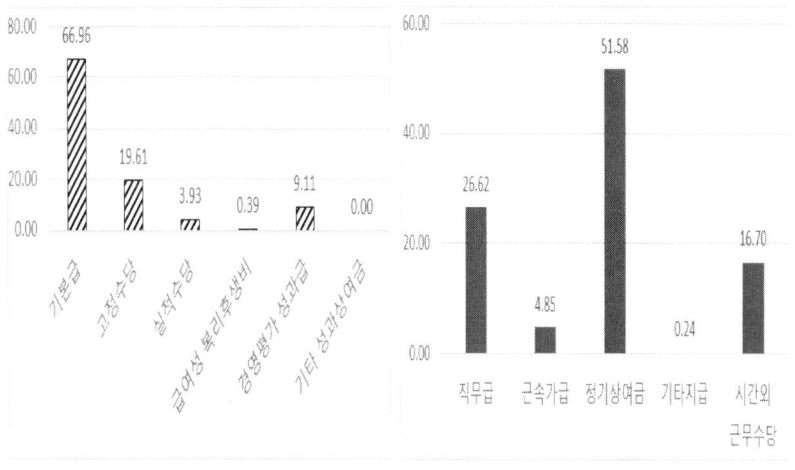

(2) 직급별 임금밴드 (고정급, 총액임금)

<표 3-57>은 B공사의 직급별 임금체계를 고정급과 임금총액을 기준으로 연급여를 조사한 결과이다. 1급과 2급은 성과연봉제 실시로 1급의 경우 고정급 기준 최저 69,787천원, 최고 106,325천원, 임금총액 기준 최저 77,208천원, 최고 139,036천원으로 조사되었다. 중요한 것은 고정급 기준으로 4급의 경우 최저 33,013천원, 최고 117,104천원으로 최고수준 측면에 있어서 1급과 2급보다 훨씬 더 높은 것으로 조사되었다. 그 결과 4급의 경우 다른 직급보다 분포가 굉장히 넓은 것으로 나타나고 있다.

4급의 경우 해외파견업무를 하는 직원들이 소수 포함되어 있어 해외파견 수당 등으로 인하여 최고 고정급 수준이 올라갔습니다. 그 결과 성과연봉제를 적용하는 1급과 2급보다 4급이 더 높은 고정급을 받는 경우가 존재합니다.

(노동조합 임금담당자 A)

<표 3-57> 직급별 임금밴드 (연급여) (2018년 8월 현재)   (단위 : 천원)

직급	인원	평균 호봉	근속 연수 (년)	평균 연령 (세)	고정급 기준(천원) (기본급, 제수당, 고정상여)			총액기준(천원)		
					최저	최고	평균	최저	최고	평균
1급	94	성과연봉	30	58	69,787	106,325	83,098	77,208	139,036	93,282
2급	482	성과연봉	29	56	65,783	104,254	86,269	72,765	118,156	95,885
3급	2,232	8	24	51	45,524	95,828	77,280	50,290	151,543	88,033
4급	2,558	15	14	41	33,013	117,104	56,300	35,393	129,625	63,796
5급	452	3	1	28	27,820	61,596	31,089	29,065	69,569	33,720
6급	722	-	17	38	20,885	74,284	39,268	21,593	84,449	44,330
무기계약직	1,706	-	2	37	23,214	45,500	25,047	27,399	53,921	29,609

주: 인원은 2018.8월 현원 기준임.
자료: 내부자료 활용

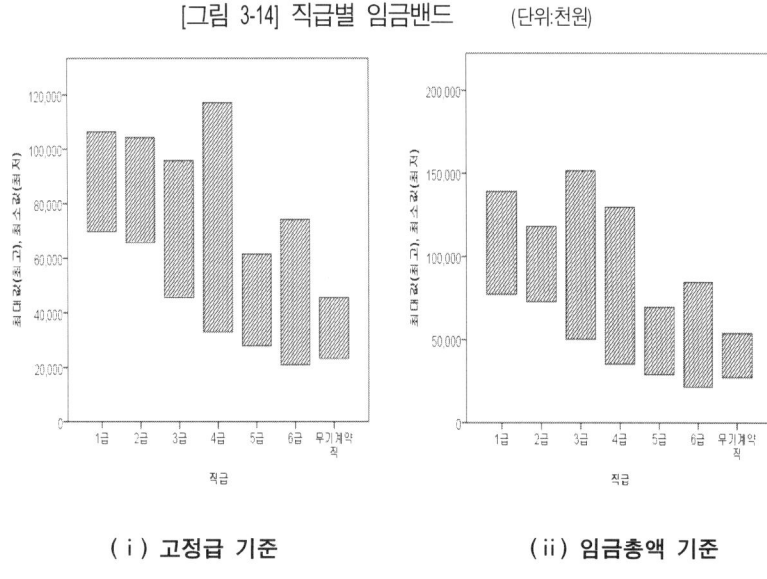

[그림 3-14] 직급별 임금밴드 (단위:천원)

(ⅰ) 고정급 기준　　　　　(ⅱ) 임금총액 기준

　또한 임금총액 기준에서 3급의 경우도 분포가 매우 넓으며, 특이하게도 1급과 2급보다 최고 임금총액이 높은 것으로 조사되었다. 그 원인에 대해서는 추후에 엄밀한 조사가 필요하다. 4급은 고정급 기준일 때와 마찬가지고 넓은 분포를 보이고 있다.
　<표 3-58>은 직급별 중첩율(Overlap ratio)을 나타낸 것이다. 고정급 기준 1급과 2급은 85.02%, 2급과 3급은 51.16%, 3급과 4급은 113.95%, 4급과 5급은 32.01%, 5급과 6급은 114.13%를 나타내고 있다. 임금총액 기준 1급과 2급은 61.79%, 2급과 3급은 116.08%, 3급과 4급은 68.30%, 4급과 5급은 33.99%, 5급과 6급은 115.44%를 나타내고 있다. 여기에서 100%가 넘는 비율은 상위직급의 임금분포가 하위직급의 분포에 포함되어 있음을 알 수

있다. 즉 상위직급보다 하위직급의 임금분포가 더 넓다고 판단할 수 있다.

<표 3-58> 직급별 중첩율

직급	고정급 기준				임금총액기준			
	최저(천원)	최고(천원)	최저 대비 최대 격차비율(%)	하위 직급과 중첩률(%)	최저(천원)	최고(천원)	최저 대비 최대 격차비율(%)	하위 직급과 중첩률(%)
1급	69,787	106,325	152.36	85.02	77,208	139,036	180.08	61.79
2급	65,783	104,254	158.48	51.16	72,765	118,156	162.38	116.08
3급	45,524	95,828	210.50	113.95	50,290	151,543	301.34	68.30
4급	33,013	117,104	354.72	32.01	35,393	129,625	366.24	33.99
5급	27,820	61,596	221.41	114.13	29,065	69,569	239.36	115.44
6급	20,885	74,284	355.68	-	21,593	84,449	391.09	-
무기계약직	23,214	45,500	196.00	-	27,399	53,921	196.80	-

4. 직무기반 임금체계 개편 관련 상황[11] 분석

1) 현장분위기

B공사의 직무기반 임금체계 관련 현장분위기를 볼 때 직무급

---

11) B공사의 임금체계 개편에 관한 사측의 입장과 노조측의 입장 및 현장분위기를 알아보기 위하여 인터뷰를 진행하였다.

에 대한 이해와 고민이 이루어지고 있지 않은 것으로 보인다. 노동측도 사측도 지금까지 정부의 발표 및 행동을 주시만하고 있을 뿐 어떠한 준비 또는 대안을 마련하지 않고 있다.

> 조합원들은 두 가지로 반응하고 있습니다. 우선 아직까지는 큰 관심을 가지고 있지 않으며 두 번째는 기재부에서 진행하는 정책이므로 성과연봉제 도입 때와 같이 크게 불신하고 있다는 것입니다. 무엇보다도 조합원들은 직무급제가 무엇인지, 직무급이 도입되면 내 임금과 내 복지수준에 얼마나 많은 영향을 미치는지에 대하여 아무런 인식을 하고 있지 못합니다. 노동조합에서는 직무급이 절대 도입되지 말아야 한다는 기본 명제 하에 앞으로의 투쟁계획을 수립할 것입니다. 그러나 직무급제를 도입 하면 경영평가에 있어서 유리하게 점수를 주겠다는 식으로 반강제적으로 직무급을 도입하고자 한다면 이에 큰 동요가 있을 수도 있을 것입니다.
> (노동조합 임금담당자 A)

> 저희도 아무런 준비를 하지 않았습니다. 직무분석도 이루어지지 않았고 전사원 대상 설문지도 배포하지 않았습니다.
> (사측 인사관리처 B차장)

2) 직무급제 도입 시 우려되는 사항

B공사의 경우 사측이나 노조측 모두 순환보직과 직무평가에 있어서의 객관성 확보, 기업특성상 상당한 수의 직무 등을 이유

로 직무급제 도입에 우려를 표했다.

> 몇 년 전 직무급제 도입과 무관하게 직무분석이 이루어진 적이 있었는데 본 공사의 직무가 600개가 넘는 걸로 기억합니다. 그 때의 직무분석은 사실 제대로 꼼꼼하게 이루어진 게 아니라 직무의 개수와 직무에 대한 정리만 한 것으로 알고 있는데도 굉장히 복잡하고 시간이 오래 걸린 걸로 압니다. 만약 임금개편 관련하여 직무분석이 이루어진다면 그때보다도 더 많은 시간과 비용이 들 것입니다. 문제는 이렇게 다양하고 수많은 직무에 대하여 어떻게 객관적 평가를 할 수 있을 거며 어떻게 직급에 따른 임금을 책정할 수 있겠느냐는 것입니다. 문제는 저희 공사의 업무특성상 직무의 경중을 따지기 힘들고 굉장히 많은 직무가 존재한다는 것입니다.
> 두 번째는 본 공사는 순환보직의 형태로 업무가 진행되고 있습니다. 현장 내에서 또는 지역본부 내에서의 순환보직이 2-3년마다 이루어지고 있습니다. 이러한 순환보직은 직무급제와 맞지 않는다고 생각합니다. 어느 해는 어렵고 힘들고 직무평가에서 낮은 점수를 받은 보직을 받아 일하게 되고 또 그것이 오랫동안 이어지면 직무급제가 임금차별적인 측면이 나타날 수도 있습니다.
> 마지막으로 직무급제 도입 시 가장 우려되는 사항은 뭐니 뭐니 해도 직원의 수용도라고 할 수 있을 겁니다. 직원들은 아직도 수용할 마음이나 환경이 갖춰져 있지 않은데 정부에서 언제까지 도입하라는 식으로의 정책입안은 분명 직원들에게 거부감이 들고 정책을 수용하고 정착하는 데 있어서 문제가 될 것입니다.
> 그리고 6급 기능직과 무기계약직의 직무가 비슷합니다. 그래서 직무급을 도입하면 문제가 생길 수 있습니다. 분명 직위 승진자들의

불만이 존재할 것입니다.

(사측 인사관리처 B차장)

직무에 대한 객관성 담보하기 어렵습니다. 평가가 제대로 이루어지면 좋겠지만 그 객관적 기준을 어떻게 마련할지 모르겠습니다. 그리고 본 공사는 백화점식 사업을 운영하고 있습니다. 그래서 직무에 대한 경중을 따지기 힘들고 정부에서 중요시하는 사업은 더 많은 직무가치가 부여되고 그렇지 않을 경우에는 직무가치를 저평가 하는 경향이 있을 수 있습니다. 사업별 우선순위도 마찬가지이고요. 이러한 문제는 직무에 대한 올바른 평가가 이루어지지 않을 수 있다는 것입니다. 또한 직무급제가 도입되면 근로조건이나 임금이 하향평준화가 될 가능성, 현장과 맞지 않는 직무급제 도입의 강요가 될까 무척 우려스럽습니다.

(노동조합 임금담당자 A)

3) 직무급제 도입방안

직무급제 도입에 관한 B공사의 노조측과 사측의 대안은 무엇인지에 대해 다음과 같은 의견이 나왔다. 충분한 의견수렴, 현재의 체제 하에서의 직무급제 도입(예를 들면 직급에서의 직무를 강화한 직무급제), 근로조건과 임금의 하락 없는 직무급제 도입, 직무급제 도입이후 입사자부터 적용하는 방법, 현장을 배제하지 않는 임금체계 개편 방안을 주장했다.

직무급제 도입에 대하여 반대하는 입장이지만 그래도 도입을 해야 하는 구조로 가면 지금의 경제・사회적 지위 또는 근로조건과 임금이 내려가지 않는 범위 내에서 도입되어야 할 것입니다. 그러나 사실 본 공사의 업무와 순환보직이라는 특성상 근로조건 저하는 분명 올 것입니다. 개인적인 생각으로는 이후에 입사하는 신입사원부터 적용하면 큰 혼란을 막을 수 있지 않을 까요? 그리고 새로운 임금체계, 새로운 패러다임을 구축하려면 무엇보다도 충분한 대화와 시간을 제로 이루어 져야 한다고 생각합니다.

(노동조합 임금담당자 A)

본 공사는 직급별로 임금이 책정되고 직급별로 업무분장이 이루어져 있기 때문에 임금 개편이 직급기준으로 이루어 져도 괜찮을 듯합니다. 직급의 책임범위를 강화하는 식으로 진행되면 합리적일 것 같습니다.

(사측 인사관리처 B차장)

제 3 절

공공기관 임금체계 개편 관련 설문조사 분석

본 연구에서는 임금체계 개편과 관련하여 설문조사를 실시하였다. 대상 사업장은 한국노총 공공노련 산하 노동조합 조합원과 조합간부이며 12개 노조, 114명이 응답해했다. 그 결과는 다음과 같다. 임금체계 개편에 관한 동의 여부를 묻는 질문에 '동의하지 않는다'는 응답이 각 단사의 조합원(분위기)의 경우는 68.6%, 설문 응답자의 경우는 약 63% 정도이다.

[그림 3-15] 임금체계 개편에 관한 동의 여부 설문 결과

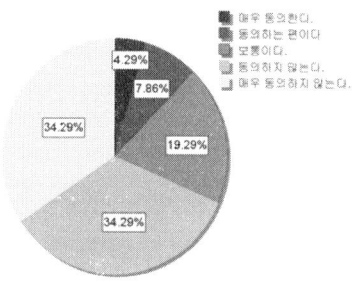
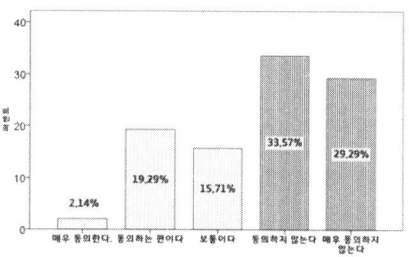

현재 정부에서는 공공부문 임금체계 개편에 대한 의지가 있다는 것을 계속 표명하고 있는데 이러한 현실 속에서 각 단사에서는 직무급제 도입과 관련한 직무분석이 이루어지고 있느냐에 관하여 질문하였다. 이에 '정부안 발표 전이므로 상황을 주시하고 있고 아직 계획은 없다'는 응답이 44.34%로 가장 많이 나왔으며 '현재 직무분석을 수행 중'이라는 응답은 28.30%, '직무분석을 위한 계획 수립'은 19.81% 나왔다([그림 3-15]).

다음은 임금체계 개편 직무급 도입에 관한 인식 또는 현장분위기에 관한 설문 결과이다. '절대 수용불가하다'는 응답이 48.89%라는 높은 비율을 차지하는 것으로 봐서 현장에서의 분위기가 직무급제를 받아들이기에는 아직 준비가 되지 않음을 알 수 있다. 또한 '정부안을 비판적으로 수용해야 한다'는 의견도 34.81%로 나타났다. 이는 현재 대두되고 있는 직무급제 도입을 현실적으로 받아들일 수밖에 없다는 인식이 현장에 어느 정도 존재한다는 반증이기도 하다.

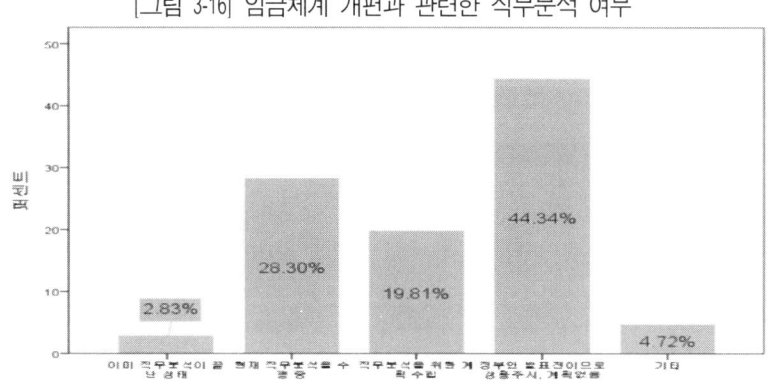

[그림 3-16] 임금체계 개편과 관련한 직무분석 여부

[그림 3-17] 임금체개개편 직무급 도입에 관한 인식 또는 현장분위기 설문결과

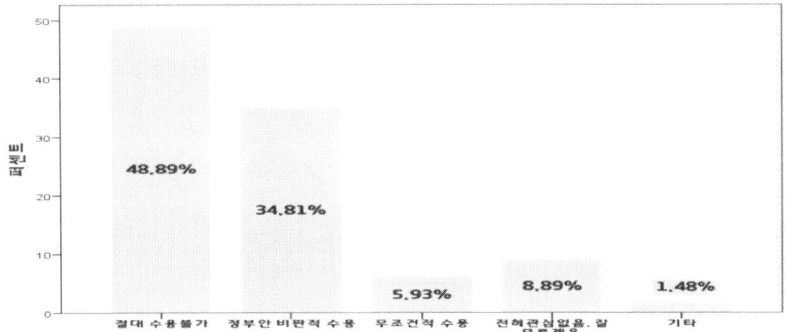

마지막으로 응답자가 생각하는 임금체계 개편 시 가장 주요하게 고려해야 할 사항이 무엇인가라는 설문에 '현재 임금수준 및 사내 복지의 하락이 없어야 한다'는 응답이 가장 많은 비율(55.30%)을 차지했고, 다음으로 '노동조합의 충분한 의견수렴이 이루어져야 함'(26.52%), '개인의 생산성과 업무성과를 정확히 반영하여야 함'(10.61%) 순으로 응답하였다.

[그림 3-18] 임금체계 개편 시 가장 주요하게 고려되어야 할 사항

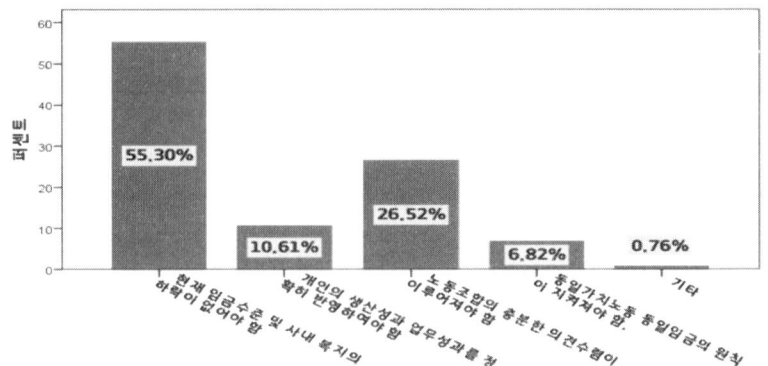

설문조사 분석내용을 종합해보면 임금체계개편에 관하여 노측이나 사측 모두 직무분류 및 직무분석 등의 준비를 하고 있지 않음을 알 수 있다. 조합원이나 현장은 임금체계개편에 동의하지 않으며 특히 직무급 도입에 관하여는 절대 수용 불가 또는 비판적 수용을 해야 한다는 의견이 다수를 이루고 있다. 마지막으로 임금체계 개편 시 현재의 임금수준 및 사내 복지의 하락이 없어야 하며 노동조합과 충분한 의견수렴이 이루어져야 한다고 주장하고 있다.

제 4 절

소 결

　A공사와 B공사 모두 규모가 상당히 큰 조직이다. 2000년대 초반부터 시작된 정부의 임금체계 개편과 관련된 연봉제 및 성과연봉제가 도입되기도 했고 현재는 임원급에는 연봉제가 실시되고 상위직급에는 연봉제, 하위직급에는 호봉제의 형태로 임금체계가 구성되어 있다.

　A공사의 경우 1(가)직급~3직급까지 하한액과 상한액의 범위가 정해진 연봉제의 형태이며 4(가)직급의 경우는 30등급, 4(나)직급~6직급(사무담당원)・청원경찰은 50등급, 6직급(전문담당원)은 60등급으로 구성되어 있다. 모든 직급의 등급에 상한이 존재하기는 하지만 실제 상한까지 올라가려면 오랜 시간이 걸려 상한이 존재하지 않는 것과 마찬가지의 결과를 낳는다. B공사의 경우 1급 및 2급은 하한액과 상한액의 범위가 정해진 연봉제의 형태이며 3급~6급 경우는 20등급, 6급 기능직은 30등급으로 구성되어 있다. 각 직급의 임금밴드가 3급부터 6급까지 계단형식으로 형성되어 있으나 실제 고정급과 임금총액을 기준으로 보면 하위직급이 상위직급보다 더 높은 임금을 받는 임금역전의 경우가 발생하기도 한다.

두 공사 모두 승진 인원 적체 현상이 나타나고 있지만 A공사의 4급은 호봉승급에 따라 임금 상승이 보장되어 약 60% 정도는 승진을 하지 않고 정년퇴직을 하기도 한다. B공사의 경우는 승진에 있어 심각한 적체 현상이 나타나 제도상 승진 연한보다 실제 승진 연한이 훨씬 더 긴 것으로 나타났다. 그리하여 연한이 넘어도 승진하지 못한 직원에게는 '차장 대우' 또는 '부장 대우' 등의 직급을 부여하기도 한다.

A공사의 경우 일반직은 4직급으로 입사하며 5직급 기능직과 6직급 사무 및 전문담당, 청원경찰 등은 따로 공채를 통하여 입사한다. 그리하여 5·6직급이 일반 4직급으로 승진하기 위해서는 별도의 시험을 거쳐야 한다. B공사의 경우도 마찬가지의 구조를 가지고 있으며 일반직은 5급으로 입사하고 6급 사무·기술직은 따로 공채를 통해 입사하며 이들이 5급으로 진입하고자 할 때는 승진심사를 거쳐야 한다.

두 공사 모두 비정규직이 정규직으로 전환되었으며 A공사의 경우에는 모두 정규직으로 흡수·통합하였고 B공사의 경우에는 무기계약직으로 전환되었다.

현재 정부에서는 직무급제 도입을 시사하고 있기 때문에 각 공공기관은 이에 따른 직무급제 도출 절차를 진행해야 한다. 우선은 직무분류 및 직무분석이 이루어져야 하고 이에 따른 직무평가가 진행되어야 한다. 다음으로 직무등급체계를 도출하고 이 직무등급에 따라 임금을 책정해야 한다.

이렇듯 임금체계를 개편하기 위해서는 사전에 많은 작업을 해야 하며 현실에 관한 정확한 진단과 평가가 이루어져야 한다. 그러나 현재 공공기관의 내부 현장 근로자들은 직무급에 관하여는 명확한 정보를 가지고 있지 못하다. 또한 그룹인터뷰를 실시한 결과 사측이나 노조측 모두 직무급에 관한 어떠한 준비도 하고 있지 않은 것으로 나타났다. 사측의 경우 직무급 도입을 목적으로 한 직무 분류 및 분석을 시작도 하지 않았으며 노조측의 경우는 정부안이 아직 발표 전이라 어떠한 대안도 준비하고 있지 못한 실정이다.

현재 현장 분위기는 아직 드러나지 않은 개편안의 실체에 관하여 많은 우려와 걱정이 감지되고 있다. 또한 현장의 목소리를 담보하지 않은 상태에서의 정부의 일방적인 개편안은 많은 갈등비용을 초래할 것이며 사회적 비용 또한 만만치 않을 것으로 전망된다. 따라서 공공부문 임금체계 개편의 필요성과 목적부터 시작하여 제도를 설계하고 현장에 적용하는 모든 단계까지 임금체계의 당사자인 현장의 노동자들이 함께 고민하고 참여해야 할 것이다.

4
공공부문 임금체계 개편

제 1 절
공공부문 임금체계 개편 방향

　기획재정부가 추진하고 있는 임금체계 개편 계획은 개별 공공기관별로 적합한 임금체계 유형을 선택하여 현 연공급 중심의 임금체계를 개편하는 것을 주요한 방향으로 제시하고 있다. 즉 공공기관의 특성을 최대한 고려한 임금체계 개편 유형을 선택하도록 하며, 직무역할급(직무급), 직무역할급(역할급), 직능급 등의 유형을 제시하고 있다.
　첫째, 직무역할급(직무급)은 직무 자체에 초점을 맞추고, 직무의 가치에 따라 보상을 차별화하는 것으로, 동일직무에 동일임금 또는 동일직무라도 업무성과, 연공, 숙련도에 기반하여 기본급을 설계할 수 있다. 직무역할급(직무급) 임금체계는 고도로 체계화된 작업과정과 명확한 직무 정의가 필요하고, 직급 수준에 적합한 직무배치가 요구되며, 직무분석 및 직무평가가 반드시 선행되어야 한다. 또한 직무역할급(직무급)은 1인 직무 범위가 명확하고, 직무이동빈도가 낮은 조직에 적용 가능하며, 도입 시 시간과 비용이 많이 소요되는 단점이 있다. 직무역할급(직무급)은 단일직무급과 범위 직무급으로 분류할 수 있으며, 범위 직무급은 승급별 범위 직무급과 고과 차등형 범위 직무급으로 구분할 수 있다.

[그림 4-1] 직무급 임금체계

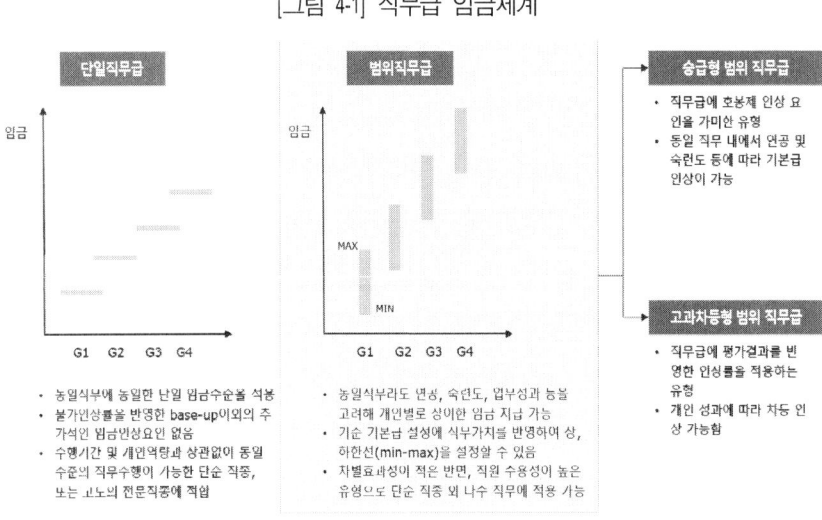

자료: 공공기관 보수체계 개편과 전망 공개토론회, 「공공기관 보수체계 개편 유형」

둘째, 직무역할급(역할급)은 담당업무에 따라 보상을 차별화하는 것으로 조직 내에서 개인이 담당하는 수직적인 역할 수준을 기준으로 하여 기본급을 설계하는 것을 의미한다. 직무역할급(역할급)에서는 수직적인 역할 단계(리더-시니어-주니어-신입) 정의가 선행되어야 하고, 임금수준이나 직급 대비 제 역할을 수행하고 있는가에 대한 검증이 필요하다. 직무역할급(역할급)은 1인 직무 범위를 명확히 하기 어렵거나, 직무이동이 잦아 직무관리가 어려운 조직에 적용 가능하다.

셋째, 직능급은 직무수행 당사자의 능력을 기준으로 보상을 차별화하는 것으로, 지식, 기술, 행동양식, 자격증 등을 기준으로 하여 기본급을 설계하는 것을 말한다. 직능급은 고도의 전문업무, 혹은 숙련도에 의해 성과 차등이 분명한 기능 업무에서 다수 도입하고 있으며, 직능심사를 통해 본인의 숙련도를 공인받게 되며, 이에 비례하여 임금을 책정하게 된다.

각 공공기관은 위에서 제시하고 있는 직무급, 역할급, 직능급 임금체계 중에서 기관에 가장 적합한 유형을 선택하여 임금체계를 개편하도록 하고 있다. 그리고 임금체계 개편은 주요한 의사결정 사항을 기준으로 3단계의 과정으로 진행할 것을 제시하고 있다.

1단계는 임금체계 단위의 구분이며, 이 단계의 주요 의사결정 사항은 조직, 업무특성에 따라 조직 내 몇 개의 임금체계 단위를 어떻게 가져갈 것인가를 판단한다. 이때 업무차별성과 직군, 직렬간 직원 이동빈도가 중요한 결정요인이 될 수 있다. 즉 업무 차별성이 높고 직군, 직렬간 직원 이동빈도가 낮은 경우는 임금체계 단위를 분리하고, 업무 차별성이 높고 직군, 직렬간 직원 이동빈도가 높은 경우와 업무 차별성이 낮은 경우는 임금체계 단위를 통합하는 것을 말한다.

2단계는 단위별 임금 결정기준을 설정하는 것이다. 이 단계의 주요 의사결정 사항은 연공성을 완화하며 업무특성을 반영하기 위해 임금 결정기준은 어떻게 설정할 것인지를 판단하는 것이다. 이때 직무 가치 구분기준, 직무영역 명확성, 직원 직무 가치 변동성이 중요한 결정요인이 된다.

여기서는 직무 가치 구분기준이 직능 단일 요인일 경우와 직무 가치 구분기준이 복합적 요인일 경우가 있다. 복합적 요인일 경우 직무영역이 명확한 경우와 모호한 경우로 구분되고, 명확한 경우에는 직원 직무 가치 변동성의 높고 낮음으로 구분된다.

3단계는 결정기준에 따라 임금체계를 설계하는 것으로, 이 단계의 주요 의사결정 사항은 구체적으로 임금체계를 어떻게 설계할 것인지 판단하는 것이다. 즉 임금체계에 따른 등급체계와 등급 내 임금 범위 형태를 설정하는 것을 의미한다. 이때 조직 내 위계 형태, 업무 간 난이도 및 책임 차이, 동일 등급 내 기대성과 차등 수준이 중요한 결정요인이 된다.

2단계의 임금 결정 기준에 따라 직능급, 직무역할급(직무급), 직무역할급(역할급) 등으로 구분하여 직무등급체계를 도출하고, 직무등급별 임금수준을 결정한다. 직무등급별 임금수준을 결정하는 방식에는 단일형과 범위형이 있다.

현재까지의 임금체계 개편 논의의 주요한 내용은 공공기관별 주요 의사결정 기준에 따른 단계별 접근을 통해 개별 공공기관에 적합한 임금체계 유형을 선택하고, 연공성을 완화하는 방향으로 자율적으로 임금 체계(안)을 설계하도록 하고 있다.

제 2 절
새만금개발공사 임금설계(안) 분석 및 평가

본 절에서는 지금까지의 논의 내용을 바탕으로 새만금개발공사의 직무급 임금체계 설계(안)에 대해서 분석해보고 평가해보도록 한다.

1. 새만금개발공사 임금설계(안)의 주요 특징

1) 직무분석 및 직무분류체계

새만금개발공사의 직무는 역할에 따라 수직적으로, 그리고 기능에 따라 수평적으로 분류했다. 수직적 분류에서는 역할단계에 기초하여 직책자(1~2급)는 총괄직무, 3~4급은 기획 및 운영, 5급 직원은 보조 및 지원직무로 분류했다. 이후 1차 분류 때의 기획 및 운영 단계를 운영기획과 실무 단계로 구분하여 재설정하였다. 즉 기획 및 운영 단계의 직무를 직무 강도, 책임성 등에서 차등이 필요한 일부 직무를 실무 레벨에 따라 재설정했다.

<표 4-1> 수직적 직무분류 체계

1차 수직적 직무분류		2차 수직적 직무분류	
level	역할단계	level	역할단계
-	임원	-	임원
총괄	실·부장 (2급 이상)	총괄	실·부장 (2급 이상)
기획운영	실무자 (3급, 4급 상당 비보직자)	기획운영	실무자 (3급, 4급 상당 비보직자)
		실무	실무자 (4급 상당 비보직자)
지원보조	실무자 (5급 상당 비보직자)	지원보조	실무자 (5급 상당 비보직자)

직무분류 기준에 따라 5개 직무등급의 55개 직무를 도출하였고, 직무등급별 직무 수는 5등급 4개, 4등급 10개, 3등급 17개, 2등급 9개, 1등급 15개이다.

<표 4-2> 직무등급별 직무

직무등급	직무명		직무수 (총55개)
5	혁신경영 총괄 매립사업 총괄	신전략사업 총괄 경영기획 총괄	4개
4	금융관리 총괄 매립기획 총괄 신재생사업 총괄 도시개발 총괄 감사 총괄	관광사업 총괄 경영지원 총괄 사업환경관리 총괄 신사업투자 총괄 행정(경영전략 총괄)	10개

직무등급	직무명		직무수 (총55개)
3	행정(경영기획) 신재생사업기획 매립기획운영 행정(자금) 행정(홍보기획) 행정(재무회계) 행정(경영평가) 도시계획운영	감사운영 투자유치 신사업기획운영 인사노무 행정(법무) 행정(계약) 행정(총무) 관광사업 개발기획	17개
2	분양마케팅 기획 사업환경관리 운영 전산 행정(경영기획 실무) 신재생사업기획 실무	매립기획 운영 실무 행정(자금)실무 행정(예산)실무 인사노무 실무	9개
1	신재생사업 기획지원 매립기획 운영지원 도시계획 운영지원 사업환경관리 운영지원 신사업기획 운영지원 관광사업 개발기획 보조 행정(경영기획 보조) 행정(재무회계 보조)	행정(법무 보조) 인사노무 보조 분양마케팅 기획보조 행정(홍보기획 보조) 행정(계약 보조) 행정(총무 보조) 감사 운영지원	15개

2) 직무평가

직무평가는 1차와 2차 두 차례에 걸쳐 실시했다. 1차 직무평가는 사전 조사(pilot test) 성격의 과정으로서 투입-과정-산출 범주별로 6개 평가항목을 기준으로 실시했다. 2차 직무평가는 내부 특별 전담반(TFT) 의견을 반영하여 7개 평가항목으로 조정하여 실시했다.

1차 직무평가는 전문성 및 숙련도, 내외부 커뮤니케이션 수준, 자원통제력, 문제 해결 요구수준, 정보 접근성, 의사결정 영향력 등의 평가요소를 기준으로 실시했다. 2차 직무평가는 전문성 및 숙련도, 직무 희소성 및 확보 용이성, 내·외부 커뮤니케이션 수준, 자원통제력, 문제 해결 요구 수준, 전략적 중요도, 의사결정 영향력 및 성과 책임 등의 평가요소를 기준으로 실시했다.

직무평가 요소는 1, 2차 검토과정을 거쳐 범주별로 평가요소 수의 증감이 있었다. 투입(Input) 범주의 직무평가 요소는 전문성 및 숙련도의 1개 요소에서 전문성 및 숙련도와 직무 희소성 및 확보 용이성의 2개 요소로 늘어났고, 과정(throughput) 범주의 직무평가 요소는 내·외부 커뮤니케이션, 자원통제력, 문제해결 요구 수준, 정보 접근성 등 4개 요소에서 내·외부 커뮤니케이션, 자원통제력, 문제해결 요구 수준 등 3개 요소로 축소되었으며, 산출(output) 범주의 직무평가 요소는 의사결정 영향력의 1개 요소에서 전략적 중요도와 의사결정 영향력 및 성과 책임 2개 요소로 늘어났다.

최종적으로 투입 범주에서는 직무 희소성 및 확보 용이성 요소가 추가되었고, 과정 범주에서는 정보 접근성 요소가 제외되었으며, 산출 범주에서는 전략적 중요도 요소가 추가되었고, 1차의 의사결정 영향력 요소의 개념이 확장되어 의사결정 영향력 및 성과 책임 평가요소로 조정되었다.

<표 4-3> 1, 2차 직무평가 요소 비교

범주	직무평가요소	
	1차 직무평가요소	2차 직무평가요소
투입 (Input)	전문성 및 숙련도	전문성 및 숙련도
		직무 희소성 및 확보 용이성
과정 (Throughput)	내외부 커뮤니케이션	내외부 커뮤니케이션 수준
	자원통제력	자원통제력
	문제 해결 요구수준	문제 해결 요구수준
	정보 접근성	
산출 (Output)		전략적 중요도
	의사결정 영향력	의사결정 영향력 및 성과 책임

　범주별 비중은 투입 30%, 과정 30%, 산출 40%로 산출 범주의 가중치가 가장 높게 설정되었고, 개별 직무평가 요소별 비중은 의사결정 영향력 및 성과 책임이 30%로 가장 높고, 직무 희소성 및 확보 용이성이 20%, 나머지 5개 요소는 모두 동일하게 10%로 설정되었다. 즉 직무평가는 결과와 성과를 최우선 기준으로 하여 실시했다고 할 수 있다.

<표 4-4> 2차 직무평가 요소 및 비중

범주	직무평가 요소	정의	비중(%)
투입 (Input)	전문성 및 숙련도	해당 직무를 능숙하게 수행하는 데 필요한 특정 분야 관련 사전 경력, 전문지식 및 기술 수준	10
	직무희소성 및 확보 용이성	직무에 필요한 보유 기술이 가진 희소성에 따른 인력 확보 용이성 정도	20
과정 (Throughput)	내·외부 커뮤니케이션 수준	원활한 업무협조 및 흐름 유지를 위해 조직 내/외부에 접촉해야 하는 대상의 범위	10
	자원통제력	업무를 수행하는 데 필요한 예산/인력 통제 권한 수준 관리자가 유효하게 지휘·감독할 수 있는 한정된 인력의 수(span of control)	10
	문제해결 요구 수준	업무처리 시 발생하는 문제를 전략적으로 해결하는 능력 요구 수준	10
산출 (Output)	전략적 중요도	조직 경쟁력 확보 및 사업의 성공적 수행을 위해 전략적 육성이 필요한 정도	10
	의사결정 영향력 및 성과 책임	의사결정 사안의 심각성 기밀성으로 인해 의사결정이 조직 내·외부에 미치는 파급력 매출, 이익, 조직관리 등 조직 내 성과로 규정된 모든 정량 및 정성적인 결과에 대한 책임	30
총계			100

직무평가 방법은 점수법과 서열법을 혼합하여 실시했다. 점수법은 정량적인 직무평가 방법으로서 결과에 대한 객관성과 수용성이 높은 방법이라고 할 수 있으며, 서열법은 정성적인 직무평가 방법으로서 객관성은 낮지만, 상대적으로 적은 시간과 비용이 소요되는 효율적인 방법이라고 할 수 있다.

본 사례에서는 전체 직무 55개 중에서 47개 직무는 점수법에 따라 직무등급을 설정하였고, 추가로 8개 직무에 대해서는 서열법으로 직무등급을 설정하고 있다. 서열법을 적용한 직무는 주로 4급이 수행하는 기획 운영 직무 중에서 실무 성격의 직무 6개와 2급 직무 1개, 5급 직무 1개이다. 즉, 행정(경영기획 실무), 신재생사업 기획 실무, 매립기획 운영 실무, 행정(자금)실무, 행정(예산)실무, 인사 노무 실무, 감사운영지원. 행정(경영전략총괄) 등이다.

3) 보수구조 및 직급-직무등급 연계

새만금개발공사의 보수구조는 기본연봉, 성과연봉, 기타수당으로 구성된다. 즉, 기본연봉은 직무급 형태로 설계되었고, 성과연봉은 내부평가에 의한 업무성과급과 경영평가 성과급으로 구성되며, 여기에 수당이 추가된다.

[그림 4-2] 새만금개발공사 보수구조

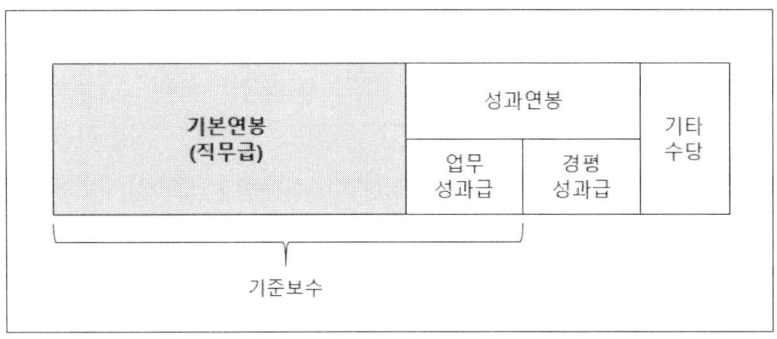

　직급과 직무등급을 연계시키기 위해 체류 연한 설정, 승급 개념 정의, 임금 상승 기준 등을 주요 방침으로 제시하고 있다. 직무등급별 체류 연한을 우선시하고, 동일직무 등급 간의 직무이동이 가능하도록 하였으며, 동일한 직무등급에서 다양한 직무를 수행하면 그 근속의 합을 체류 연한으로 인정하도록 한다.

　여기서 승급 개념은 하위 직무등급에서 상위 직무등급으로의 상승을 의미하는 것으로 정의하고 있다. 각 직무 등급별 임금밴드의 상한선에 도달하면 직무등급이 상승해야만 임금도 상승하는 구조로 설계되었다. 즉 직무등급 내 상한선을 설정해 놓음으로써 자동적인 임금 상승을 제한하고 있다. 단 모든 임금밴드의 전체 인상이라고 할 수 있는 일괄인상(base-up)의 경우에는 임금 상승이 가능하다.

4) 임금밴드 설정

상위 등급 직무를 수행하기 위한 직무등급별 표준 체류 연한은 일괄적으로 5년으로 설정하고 있고, 표준 체류 연한에 따라 승진이 이루어질 경우 27세 신규 입사자는 47세에 가장 높은 직무등급인 5급에 도달할 수 있도록 설계되었다.

표준 체류 연한 설정은 민간기업의 직급별 최소 체류 연한을 참고하여 설계했는데, 민간기업에서는 주로 60세 정년을 기준으로 사원-대리-과장-차장-부장의 표준 최소 체류 연한을 각각 4년-4년-5년-5년으로 설정하고 있다.

직무등급별 초임은 표준 체류 연한에 평균인상률을 적용하여 설정하고, 직무등급별 최고값은 표준 체류 연한의 2배로 설정(5등급은 1.5배)했으며, 등급 최고액에 도달하는 경우 임금인상을 제한하도록 설계했다. 즉 최고액을 설정할 때 하위 직무등급은 민간기업 대비 다소 낮은 비율을 적용하였고, 상위 직무등급은 민간기업과 동일한 비율을 적용하고 있다.

등급별 하한액과 상한액 설정의 특징은 상한액의 제한을 두어, 연공급 하에서의 호봉상승에 따른 자동 임금인상을 억제하고 있다는 점이다. 즉 동일 등급 내에서 임금상승은 상한액까지만 허용하고, 그 이후 상위등급으로의 승급이 되지 않는 이상 상한액을 초과하는 임금인상은 이루어지지 않는다.

일반적으로 민간기업에서 최고액을 설정할 때는 표준 체류 연한의 2.5-2.5-2-2배를 하고, 부장의 경우는 임원 초임을 초과하지 않는 수준으로 임금밴드 최고액을 설정한다.

[그림 4-3] 등급별 하한액·상한액 설정

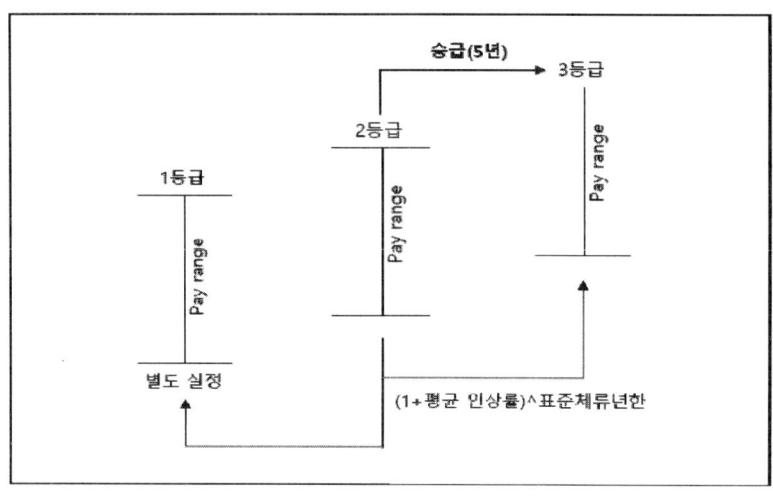

승급을 직무등급의 상승으로 정의하고, 승급인상률은 하위 등급의 경우는 높게, 상위 등급의 경우는 낮게 설정하고 있다. 즉 1등급에서 2등급은 5%, 2등급에서 3등급은 4%, 3등급에서 4등급은 4%, 4등급에서 5등급은 3%로 승급인상률을 설정하고 있다.

직무등급이 상승하면 즉시 승급인상률을 적용하고, 직무등급 상승 시 해당 직무등급 초임에 미달할 경우 초임으로 이동하도록 하고 있다. 즉 승급 시 승급인상률을 적용하고, 승급인상률을 적용하고도 임금수준이 해당 직무등급의 하한액보다 적을 경우에는 최소한 해당 직무등급의 하한액을 적용하도록 한다. 이 같은 경우의 승급대상자가 발생할 가능성이 높지 않을 것으로 예상되는데, 만약 이 같은 상황이 다수 발생한다면 이는 하위 등급 내에서 임금인상률을 최대한 억제하여 운영한 결과로 나타나는 현상일 것으로 사료된다.

직무등급별로 차등적인 승급 인상률을 적용하고 있지만, 전체적으로 승급인상률이 크지 않아서 승급에 따른 동기부여 효과는 미미할 것으로 판단된다.

[그림 4-4] 승급 인상률

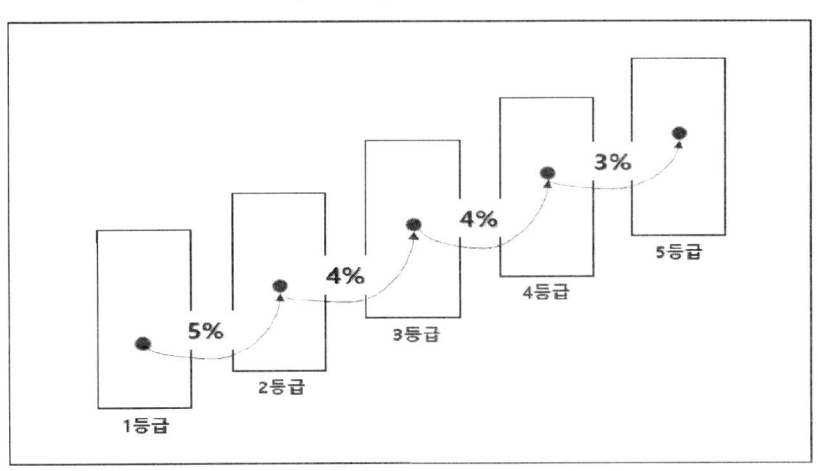

새만금개발공사의 임금밴드는 최하위 등급인 1등급의 하한액을 유사기관의 신입사원 초임을 고려하여 29,000(천원)으로 설정하며, 상위등급의 하한액은 표준 체류 연한에 평균인상률을 적용하여 설계되었다.

임금밴드는 1등급 29,000(천원)~38,974(천원), 2등급 36,359(천원)~48,863(천원), 3등급 45,151(천원)~60,679(천원), 4등급 56,069(천원)~75,352(천원), 5등급 68,958(천원)~87,354(천원)으로 설정되었다.

[그림 4-5] 임금밴드 설계(안)

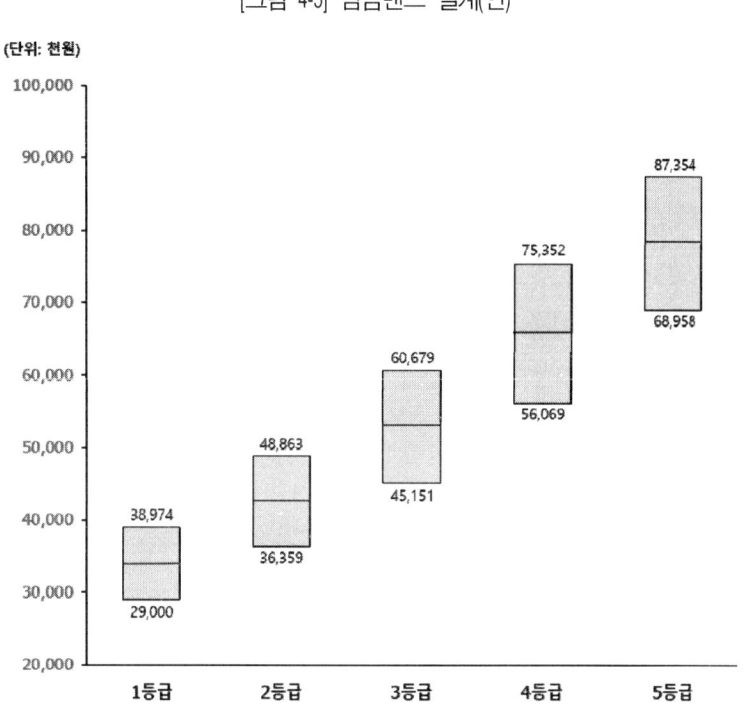

자료: 공공기관 보수체계 개편과 전망 공개토론회, 「새만금개발공사 직무급 도입 사례」

5) 운영방안

(1) 기본급 인상

기본급 인상은 일괄인상(base-up), 평가인상(merit increase), 승진인상(promotion increase)으로 구성된다. 일괄인상은 물가상승 보전 등의 이유로 실시되는 일괄적인 기본연봉 인상으로 모든 직무등급의 임금이 동일한 인상률로 상승되는 것을 말한다. 평가인상은 평가결과에 따라 매년 실시되는 정기적인 기본급 인상으로써 개인별로 평가결과에 따라 차등적인 임금인상률을 적용하는 것을 말한다. 승진인상은 승진자에 한해서 적용되는 기본연봉 인상으로 상위등급으로의 이동 시 승진인상률을 적용하여 임금수준을 상승하는 것을 말한다. 즉 일괄인상과 평가인상은 모든 직원에게 공통적으로 적용되지만, 승진인상은 승진자에 한해서 제한적으로 적용된다.

직원들의 기본연봉 인상률은 일괄인상률과 평가인상률을 종합하여 최종적으로 결정하는데, 일괄인상률은 기관에서 정책적인 판단 하에 결정하고, 평가인상률은 목표인상률을 중심으로 근무평정결과(S등급 4%, B등급 3%, D등급 2%)에 따라 직급별, 개인별로 차등적으로 적용한다.

승진인상은 승진자에 한해서 적용하는데 등급 간 상승에 따른 임금인상률을 차등적으로 적용하고 있다. 즉 1등급에서 2등급으로 승진하는 경우에는 5%, 2등급에서 3등급으로 승진하는 경우에는 4%, 3등급에서 4등급으로 승진하는 경우에는 4%, 4등급에서 5등급으로 승진하는 경우에는 3%의 인상률을 적용한다.

승진 시의 임금수준은 우선 현재 직무등급에서의 당해 연도 기본연봉 평가인상률을 먼저 적용하고, 이후 상위 직무등급으로 수평이동한 후 승진인상률을 적용한 기본연봉을 지급한다. 그리고 현재 직무등급에서의 당해 연도 기본연봉 평가인상률과 승진인상률을 적용하였는데도 상위직무등급의 하한액) 수준에 미치지 못할 경우 최소한 상위 직무등급의 하한액에 맞춰 지급한다. 이는 최소한 승진에 따른 임금수준을 상향 조정함으로써 승진에 따른 임금상승효과 및 직원의 동기부여 효과를 제고하기 위한 방안이라고 할 수 있다.

<표 4-5> 기본급 인상 방안

구분	개념	운영방식
일괄 인상	물가상승 보전이나 보상전략 등을 이유로 실시되는 일괄적인 기본연봉 인상	물가인상률 등을 반영한 인상률로 임금밴드별 일괄 인상
평가 인상	평가결과에 따라 매년 실시되는 정기적인 기본급 인상	목표 인상률을 중심으로 차등적 평가 인상
승진 인상	승진으로 인한 기본연봉 인상	pay zone에 따라 차등적인 기본급 인상률 적용 가능

(2) 임금밴드 관리

전체 임금밴드의 일괄인상을 매년 조정하고, 전체 임금밴드의 일괄인상은 정부(기획재정부)의 정책적 판단에 따라 설정한 인상률에 근거하여 조정하도록 하고 있다. 그리고 신입직원의 초임은 별도로 관리하고, 물가인상률과 기관의 외부 경쟁력을 고려하여 필요시 조정하도록 하고 있다.

2. 새만금개발공사 임금설계(안) 평가

새만금개발공사의 임금설계(안)은 전체적으로 보면 임금체계 유형으로는 직무급 임금체계를 채택하고 있으며, 직무급 형태 중에서는 고과 차등형 범위직무급 형태로 설계되어 있다.

전체 직무 55개를 5개 직무등급으로 분류하고, 직무등급별 임금밴드의 하한액과 상한액을 설정하였으며, 직무등급 내에서 상한액을 초과하여 임금을 지급하지 못하도록 하고 있다.

전체 임금체계는 기본연봉, 성과연봉, 기타수당으로 구성하였다. 임금수준은 유사기관의 직급별 하한액과 상한액을 참고하였고, 직무등급 내 임금밴드의 격차는 유사기관에 비해 작게 설계하였으며, 직무등급 간 격차는 크게 설계했다.

본 임금설계(안)에서 가장 핵심인 기본연봉은 일괄인상, 평가인상, 승진인상을 통해 임금이 상승하도록 하고 있으며, 기본연봉에 가장 큰 영향을 미치는 평가인상은 개인별 평가결과에 따라 차등 인상률을 적용하도록 설계했다.

임금설계(안)의 중에서 중요한 몇 가지 사항에 대해 살펴보면 다음과 같다.

첫째, 전체 임금체계는 기본연봉, 성과연봉, 기타 수당으로 구성되어 있으며, 기본연봉과 성과연봉 모두 평가결과에 따라 차등 적용하는 방식으로 설계되어 있다. 특히 생계비보장 성격을 띠고 있어 임금의 안정성을 담보해야 하는 기본연봉도 평가결과(S~D)에 따라 차등인상률을 적용하여 지급하도록 하고 있다. 이는 기존 호봉제 하에서의 연공성을 약화시키고, 임금 통제력을 높이려는 목적이 반영된 것으로 판단된다. 때문에 기본연봉의 임금안정성을 저하하는 부정적인 효과가 나타날 가능성이 매우 크며, 또한 기존의 성과연봉제 임금체계 및 운영방식과 유사하여 부정적인 인식이 커질 가능성이 매우 높다.

범위직무급에서 직무등급 내의 임금인상은 다양한 기준에 의해서 결정될 수 있고, 기존 호봉제에서 직무급제라는 새로운 임금체계로의 변화 등을 고려할 때, 평가(역량, 태도, 행동 등)결과만을 임금인상의 절대적인 기준으로 삼는 고과 차등형 범위직무급보다는 근속연수 등의 연공적 성격이 반영된 승급형 범위직무급이나 다양한 기준(근속년수, 숙련도, 평가 등)이 종합적으로 반영된 임금체계에 대해 고려할 필요가 있다고 판단된다. 그리고 상대평가에 의한 강제할당 방식을 제시하고 있는데, 이에 대해서도 다시 고려할 필요가 있다고 본다.

또한 범위직무급이라고 하더라도 직무가치평가에 의해 직무등급이 결정되고 이에 따라 임금수준이 결정되는 직무급 임금체계의 본질에 따라 동일직무등급 내의 개인별 임금격차를 최소화하는 방향으로 설계하는 것이 타당할 것으로 판단된다.

둘째, 임금밴드 설정과 관련하여, 등급별 임금수준의 상한액을 설정함으로써, 기존의 직급 내의 호봉상승 제한을 두지 않음으로써 임금이 자동적으로 인상되는 것을 제한하고, 상위등급으로의 승급이 되지 않는 이상 상한액을 초과하는 임금인상은 발생하지 않도록 하고 있다. 이는 더 이상 근속년수의 상승에 따른 자동 임금인상을 보장하지 않는다는 것을 의미한다.

또한 직무등급별 승급에 필요한 표준 체류 연한을 5년으로 설정하고 있는데, 승급은 5년이 지나면 자동적으로 이루어지는 자동승급제가 아닐 가능성이 클 것으로 예상된다. 승급은 상위직무등급의 T/O에 의해서 승급자 규모가 결정되므로 선별적으로 이루어질 것이고, 승급에서 누락된 직원은 계속 한 직무등급에 머물 가능성이 높으며, 낮은 평가등급을 받음으로써 낮은 임금을 지속적으로 받을 가능성이 매우 높을 것으로 판단된다. 직원들은 임금과 승진에 의해서 동기부여가 되는데, 이와 같은 상황은 조직에 부정적인 영향을 미칠 가능성이 매우 크므로 적절한 방안 마련이 필요하다.

셋째, 직무분석 및 직무분류체계 수립과 관련하여 역할에 따라 수직적 직무분류를 두 차례에 걸쳐 실시했는데, 이는 최초의 수직적 직무분류체계 수립 시 기준 설정, 즉 수직적 분류 시 기준을 설정하는 데 어려움이 있었던 것으로 판단된다. 즉 1, 2차에 걸쳐 직무분류를 실시했고, 1차 직무분류에 포함되지 않았던 직무가 2차 직무분류에서 새롭게 도출되었다. 특히 2차 직무분류에서는 4급 직원의 기획, 운영 직무 중 직무강도, 책임성 등 차등이 필요한 직무 일부에 실무 성격을 부여하여 직무를 추가했다.

일반적으로 조직의 직무는 기획과 운영으로 수직적 분류가 가능한데, 이를 기획운영과 실무로 구분한 이유에 대해서 정확하게 판단하기 어렵고, 수직적 분류상의 운영과 실무의 개념상 차이점도 명확하지 않은 것으로 판단된다. 또한 이러한 수직적 직무분류체계의 수립은 현 직급단계를 지나치게 고려한 나머지 최초 역할단계에 따른 수직적 분류의 본질이 다소 훼손된 것으로 보이며, 이는 최종 직무분류체계 결과에 대한 객관성과 신뢰성을 떨어뜨릴 수 가능성이 있을 것으로 판단된다.

넷째, 직무평가와 관련하여 전체 직무 55개 중에서 47개 직무는 점수법, 추가 8개 직무는 서열법을 적용했는데, 추가직무라 하더라도 대다수 직무를 평가한 점수법으로 하는 것이 평가의 타당성을 높이는 방법이라고 생각된다. 또한 이러한 방법론상의 차이가 직무평가 전체의 신뢰성을 떨어뜨리는 요인으로 작용할 가능성도 있을 것으로 판단된다. 그리고 직무평가요소 중 일부 요소의 경우 한 개의 평가요소에 안에 복수의 개념이 존재하여 평가요소의 배타성을 확보하기가 어렵고, 이로 인해 직무평가 시 혼선을 발생시킬 가능성이 있다고 판단된다.

평가요소 중 전문성 및 숙련도, 직무 희소성 및 확보 용이성, 의사결정 영향력 및 성과 책임 등은 한 개의 평가요소 안에 이질적인 개념이 복합적으로 포함되어 평가자 입장에서 특정 개념에 치우친 평가를 할 가능성이 높다. 따라서 직무평가 결과의 일관성을 상실하게 되며, 결과적으로 평가결과의 신뢰성을 떨어뜨릴 가능성이 높다고 판단된다. 따라서 직무평가요소별 개념을 명확히 하고, 복수의 개념은 분리하거나 제외하여 직무평가요소를 재조정할 필요성이 있다.

제 3 절
정부 공공부문 임금체계 개편 논의의 문제점과 개편 방향

1. 현 정부 임금체계 개편방향의 주요 특징 및 문제점

현 정부의 공공기관 임금체계 개편 논의는 우선 호봉제 임금체계에 대한 문제를 제기하여 임금체계 개편의 당위성을 부각시키는 것에서 시작되었다고 할 수 있다. 즉 공공기관 내부의 임금 공정성의 취약, 생산성과 무관한 호봉제 임금체계로 인한 비효율성 및 인건비 상승 부담 증가, 호봉제의 부담으로 인한 공공기관 일자리 확대의 어려움, 공공부문과 민간부문 간의 임금 격차 발생 등을 주요한 개편 이유로 제기했다.

또한 임금체계 개편의 필요성과 더불어 임금공정성의 확립을 강조하고 있는데 이는 동일가치노동 동일임금(equality) 원칙과 형평성(equity) 원칙의 추구를 의미한다. 즉 동일가치노동 동일임금 원칙을 통해 임금차별 및 격차를 해소하고, 형평성 원칙을 통해 노력-성과-보상의 연계성을 강화하는 것을 말한다. 이러한 원칙을 실현하기 위해 제시되고 있는 임금체계 개편의 구체적인 방향은 현재의 호봉제를 폐지하고 직무급($+\alpha$)을 도입하는 안으로, 이는 공정성과 효율성을 동시에 고려한 것이라 할 수 있다.

최근 정부에서는 직무급, 역할급, 직능급 등의 임금체계 유형을 제시하며, 공공기관 특성에 적합한 임금체계 유형을 선택하여 개편하도록 방향을 제시하고 있다. 이러한 임금체계 유형의 공통적인 특징은 기존의 사람 중심의 임금체계에서 직무/능력/성과 중심의 임금체계로 전환하는 것이다.

이를 종합하면, 현 정부의 공공부문 임금체계 개편의 주요 방향은 호봉제 하의 연공성을 완화하고, 동일노동 동일임금원칙 실현을 위한 직무 가치를 반영한 직무급 중심의 임금체계를 도입하여 임금 공정성을 제고하기 위한 방향으로 전개되고 있다고 할 수 있다.

그러나 임금체계 개편과정에서 다양한 문제들이 제기되고 있고, 몇 가지 중요한 점을 간과하고 있는 것으로 판단된다.

첫째, 임금체계 개편의 무게감과 파급력 및 타 인사제도와의 연계성에 대한 충분한 검토 없이 진행되고 있다는 점이다. 호봉제에서 직무급 임금체계로의 개편은 인사관리 철학 및 전략의 변화를 의미한다. 즉 기존의 사람 중심 인사관리에서 직무 중심 인사관리로의 패러다임 변화를 의미하고, 이런 변화로 인해 고려해야 점들이 상당히 많이 있는데 이와 관련한 실질적인 논의가 매우 미흡한 실정이다.

임금체계 개편 논의와 더불어 직무관리, 경력관리, 이동배치, 승진, 평가, 교육훈련 등 연계된 다른 인사관리 제도의 변화 등에 대한 논의도 동시에 이루어져야 하는데, 현재까지는 이러한 점에 대한 고려가 매우 부족하다. 즉 임금체계를 포함한 인사제도는 각 제도 간 정합성이 요구되는 시스템이라고 하는 인식 자체가 매우 부족한 상태에서 임금체계 개편이 논의되고 있다고 할 수 있다.

둘째, 직무급 임금체계로의 개편에 대해 도입 여건, 도입 가능성, 도입 시 효과성 등에 대한 충분한 검토가 없이 진행되고 있다. 직무급 임금체계가 갖고 있는 장점은 분명히 있지만, 공공기관이라는 조직과의 적합성, 구성원의 수용성, 도입 효과성 등에 대한 검토가 매우 미흡하다고 할 수 있다.

직무급 임금체계 도입 시 주요한 어려움으로는 ① 현재 공공기관 종사자들은 직무개념에 대한 인식이 불명확하여, 직무급 도입 시 많은 혼란과 갈등이 발생할 가능성이 크다는 것이다. ② 직무분석 및 평가과정의 어려움이 클 수 있고, 특히 이 과정에서 객관성과 공정성 확보가 매우 중요한데 쉽지 않을 수 있다는 점이다. ③ 호봉제 하에서 정립된 연공서열 중심의 조직문화로 인해, 직무의 상대적 가치에 따른 직무급 임금체계로의 변화에 대한 구성원의 수용도가 낮을 수 있다. 특히 남성 중심의 조직문화가 강한 공공기관에서는 군대문화, 작업장문화, 연공서열 문화, 집단주의와 온정주의 문화로 연결되어 임금체계 변화에 대한 저항이 커질 가능성이 높을 것으로 판단된다. ④ 직무별 시장임금 형성 수준이 낮다는 점이다. 즉 임금의 외부 공정성(eternal equity) 확보를 위해서는 시장임금조사가 필수적인데, 우리나라의 경우 직무별 시장임금에 대한 정보 원천 자체가 부족하고, 일부 임금정보의 신뢰성도 매우 낮은 상태이며, 독과점적인 공공기관의 직무는 비교 가능한 타 분야의 임금정보 확보가 현실적으로 매우 어렵다고 할 수 있다. 이와 같은 제반 여건이 마흡한 상황에서 제도를 도입할 경우 그 제도를 도입했을 경우 효과성은 매우 낮을 수밖에 없을 것으로 판단된다.

셋째, 임금체계 개편은 동일가치노동 동일임금 원칙과 형평성 원칙의 확립을 통한 임금 공정성 제고를 주요한 개편 명분으로 내세우고는 있지만, 실제로는 연공성 완화를 통한 임금 생산성 제고 및 임금 통제력 확대를 목표로 하고 있는 것으로 판단된다.

넷째, 내부공정성과 외부공정성 제고 등의 균형감 있는 논의가 이루어지지 않고 있다. 현재 논의의 초점은 정규직 중심의 내부공정성 제고에만 초점을 맞추고 있으며, 기관 내부의 다양한 고용 형태 간의 임금 격차에 대한 논의와 공공기관 간의 임금 격차에 대한 논의는 전혀 이루어지지 않고 있는 상황이다. 이로 인해 임금체계 개편의 중요한 목표인 임금 공정성 제고에 대한 진정성이 의심받을 가능성이 높을 것으로 판단된다.

다섯째, 현재까지의 임금체계 개편 논의는 이전 정부와 마찬가지로 주무 부처인 기획재정부 중심으로 진행되고 있다. 주요한 이해관계자인 공공기관 및 노동조합과의 협의 과정이 부족한 채로 정부가 일방적으로 추진하는 듯한 모습을 보이고 있다. 이전 정부의 일방적인 임금체계 개편과정에서 나타났듯이, 주요 이해관계자와의 충분한 협의 없이 추진할 경우 상당한 갈등이 발생할 가능성이 크고, 이로 인한 사회적 비용 또한 매우 증가할 수밖에 없다.

여섯째, 현재의 임금체계 개편은 상당히 짧은 기간 안에 결과를 만들어 내려고 하는 경향이 강하다. 호봉제에서 직무급으로의 임금체계 개편 그 자체만으로도 상당한 연구와 다양한 측면에서의 충분한 검토가 필요하고, 주요한 이해관계자와의 협의 및 합의 과정이 매우 중요하며, 임금체계 개편의 당사자인 각 공공기관과 노동자들의 준비여건 및 인식의 변화 등을 고려할 때, 절대 짧은 기간 안에 진행되기는 불가능하다고 할 수 있다.

또한 모든 공공기관의 임금체계 개편을 동시에 진행하려는 의도가 강한데, 이는 상당히 위험한 접근방법이라고 할 수 있다. 새로운 제도의 도입, 운영 시에는 다양한 문제점이 발생할 수밖에 없는데, 전체 공공기관에서 동시에 시행할 경우 이러한 문제점을 수정, 보완하는데 상당한 시간과 비용이 발생할 가능성이 크고, 최악으로는 제도운영이 중단되는 결과가 발생할 수도 있다.

일곱째, 임금체계 개편의 방향이 성과와 보상의 연계성을 강조함으로써 형평성 원칙을 제고하는 데 초점을 맞추고 진행되는 경향이 있으며, 이는 개인성과에 따른 차등 인상률을 적용하는 고과 차등형 범위 직무급 형태를 개편의 주요한 방향으로 삼고 있다고 볼 수 있다. 이와 같은 방향은 기본급 임금체계의 안정성을 낮추고, 생애 총임금의 불안정성을 높이는 결과가 나타날 가능성이 매우 크고, 현재 호봉제에서 고과 차등형 범위 직무급으로 급격한 변화는 구성원들의 제도 수용성을 낮출 수 있고, 도입되더라도 그 제도의 효과성은 낮을 수밖에 없을 것이다. 또한 이러한 개편 방향은 이전 정부의 능력, 성과 중심의 성과연봉제 등과 다르지 않다는 부정적인 인식을 줄 가능성이 매우 크다고 하겠다.

2. 공공부문 임금체계 개편 방향

현재 추진되고 있는 공공부문 임금체계 개편의 문제점과 한계에 대한 종합적인 평가를 바탕으로, 바람직한 방안을 모색하는 노력이 필요하며, 이를 위해서는 다음과 같은 기준, 원칙, 방향성을 고려해야 한다.

첫째, 인사제도는 시스템이므로 임금체계 개편은 타 인사제도 변화를 고려한 통합적 관점에서 추진되어야 한다. 또한 제도나 시스템이 목적이 되어서는 안 되고, 조직이 추구하는 가치나 목표(공공성 강화 및 양극화 해소)를 달성하기 위한 과정 상의 수단이나 도구로써의 역할을 할 필요성이 있다. 즉 제도나 시스템의 적용을 받는 구성원들의 긍정적인 행동을 유발하여 목표와 결과를 달성할 수 있도록 제도의 효과성을 높이는 방향으로 임금체계 개편이 이루어져야 할 것이다.

둘째, 현재 개편의 주요한 방향으로 삼고 있는 직무급 임금체계로의 개편 대신 현재 호봉제에서 제기되는 문제에 대한 해결방안을 현 제도에서 찾아보는 것도 필요하다. 현 임금체계에서 제기되는 문제점들을 해결하는 방법이 새로운 임금체계 개편이 유일한 해결책이라고 할 수는 없다. 오히려 새로운 임금체계 개편에서 나타날 수 있는 많은 갈등과 비용을 예상하면 오히려 현 제도 하에서 문제점을 해결하는 방안을 모색해보는 것이 더 경제적일 수도 있다.

셋째, 공공부문 임금체계 개편은 제도화된 기구를 통해 논의가 진행되어야 할 필요성이 있다. 정부 중심의 일방적 논의를 지양하고, 정부와 노동조합이 참여하는 노정 협의 기구 또는 사회적 대화 기구(경제사회노동위원회) 등에서 임금체계 개편 논의를 통해 절차적 공정성과 수용성을 제고하는 방향으로 추진할 필요가 있다. 즉 정부의 일방적인 임금체계 개편안의 제시가 아닌 주요 이해관계자들의 참여를 통해 합리적인 안을 수립해나가는 과정과 결과 도출이 중요하다. 이를 위해서 현 사회적 대화 기구인 '경제사회노동위원회' 산하에 '(가칭) 공공기관 임금체계 개편 위원회'를 신설하여, 임금체계 개편과 관련한 전반적인 내용을 다루는 것이 바람직하다고 본다. '(가칭) 공공기관 임금체계 개편 위원회'에서는 현 공공기관 임금체계 및 조직, 인사제도 조사 분석, 임금체계 유형 분석, 해외사례 조사 분석 등의 기능을 수행하도록 한다. 더불어 현재 개별 공공기관이 적합한 임금체계 유형을 선택하여 자율적으로 임금체계를 설계하도록 하고 있는데, 본 기구에서 공공기관별 적합한 임금체계 유형의 판단 등 일정

수준 이상의 가이드라인을 수립하여 적용하는 방안도 고려해볼 필요가 있다.

넷째, 공공기관 임금체계 개편은 점진적, 단계적으로 이루어져야 한다. 모든 공공기관 구성원 전체를 대상으로 일시에 적용하는 것은 상당한 무리가 따를 수 있고, 기관별, 적용 대상자별 점진적, 단계적 접근을 하는 것이 바람직하다. 해외의 임금체계 개편 사례를 보면 임금체계 개편에 소요되는 시간은 20~30년으로 장기적 관점에서 접근하고 있다. 그만큼 임금체계 개편은 다른 어떤 제도보다도 구성원들에게 민감하고, 많은 고려사항이 존재하며, 구성원들의 인식변화가 수반되어야 제도 개편의 효과가 나타나기 때문에 다양한 측면에서 협의와 합의를 통해 이루어져야 한다.

따라서 중장기적 계획 하에 조사·연구 분석, 임금체계 개편(안) 마련, 시범 실시, 단계적 확대의 과정을 거쳐야 하고, 적용 대상자의 경우도 현재 구성원들은 현재의 임금체계를 유지하는 방향으로 접근하며, 새로운 임금체계는 신규 입사자부터 적용하는 방안을 모색해보는 것이 현실적인 방법이 될 것으로 판단된다.

다섯째, 내·외부 임금 공정성 모두를 제고할 수 있는 방향으로 임금체계 개편이 이루어져야 한다. 현재 임금체계 개편 논의는 공공기관 정규직 중심으로만 이루어지고 있는데, 공공기관에는 다양한 고용형태의 노동자들이 존재하고 있고, 고용형태 간 임금 격차는 매우 중요한 이슈가 되고 있으므로, 모든 고용형태를 포함한 통합적 관점에서 임금체계 개편을 논의할 필요가 있다. 더불어 공공기관 간의 임금 격차 해소를 통한 외부 임금 공정성 제고를 위한 논의도 동시에 진행할 필요가 있다. 즉 현재 임금체계 개편에서 중요한 원칙으로 제시하고 있는 동일가치노동 동일임금의 원칙을 실현하기 위해서는 내·외부 임금 공정성을 확립하는 방향으로 임금체계를 개편할 필요가 있다.

여섯째, 기본급 임금체계 및 생애 총임금의 안정성을 높이는 방향으로 임금체계 개편이 이루어져야 하고, 이를 위해서는 연공과 숙련을 반영한 임금체계 개편 방향성으로 재정립할 필요가 있다. 현재 임금체계 개편은 능력, 성과와 임금의 연계성을 강화하면서, 고과 차등형 직무급 형태로 논의되는 경향이 있는데, 이러한 방향은 평가제도 설계에 따라 다소 달라질 수는 있겠지만 기본급 및 생애 총임금의 불안정성을 높일 가능성이 있다. 즉 평가결과에 따라 기본급의 변동이 심할 수 있고, 기본급에 대한 예측 가능성이 낮아짐으로써, 임금 안정성을 해칠 가능성이 있으며, 이는 생애 총임금의 안정성에도 부정적으로 작용할 가능성이 있다. 기본급은 생계비의 성격이 강하므로, 고정성을 유지해야 하는 임금항목이기 때문에 최대한 변동을 지양하여 임금의 안정성을 유지하는 것이 중요하다.

5 결론

촛불 혁명의 시대정신이 문재인 정부에게 부여한 역사적 책무는 바로 나라다운 나라를 세우는 작업이라고 할 수 있다. 사회적 양극화와 불평등 해소, 새로운 양질의 일자리 창출을 통한 보다 인간다운 삶의 보장은 정부가 해야 할 주요한 역할이라고 할 수 있다. 이에 따라 공공기관의 사회적 역할과 공공성 확대는 그 어느 때보다 중요한 의미를 담고 있다. 하지만 현재 공공기관 내 비정규직의 정규직 전환 과정에서 제시된 새로운 직무급 임금체계 모델과 공공기관의 임금체계 전면적 개편과 성급한 직무급 도입 논의는 정부의 개혁동력 자체를 붕괴시킬 가능성을 내포하고 있다.

공공기관 임금체계에 관한 기존 연구에서 가장 많이 지적되고 있는 문제는 연공급 호봉제 적용에 따른 공공기관의 인건비 예산 부담과 임금체계의 지속가능성 여부라고 할 수 있다. 또한, 공공기관 간 임금 격차가 매우 클 뿐만 아니라, 공공기관 내부의 임금 격차도 또 다른 문제점으로 지적되고 있다. 이러한 공공기관의 임금체계가 안고 있는 문제에 대한 해결책 모색은 정부가 응당 해야 할 역할과 몫이라고 할 수 있다. 하지만 지금과 같은 공공기관 임금체계 개편 필요성에 대한 초기 연구단계에서 정부가 곧바로 공공기관 임금체계 패러다임 자체의 전환을 시도할 경우, 자칫 공공기관 임금체계가 가진 문제 해결이 아니라 공공기관 전체의 갈등과 혼돈의 상황을 가져올 수 있다.

앞서 살펴보았듯이 최근 기재부가 공공기관 보수체계 개편의 시범사례로 제시하고 있는 새만금개발공사의 경우 2018년 10월에 출범한 신생기관일 뿐만 아니라 규모도 100명 내외로 작은 기관이기 때문에 이러한 직무급제 도입을 기초로 기존의 한국전력, LH공사, 남동발전 등 대규모 공공기관 및 공기업에 대한 직무급 도입 시도는 처음부터 불가능할 뿐만 아니라 공공기관 조직 자체를 혼란에 빠뜨릴 수 있다.

이와 관련하여 이 연구는 공공기관 임금체계 개편 방향을 다음 몇 가지 점으로 요약해 볼 수 있다. 첫째, 직무급으로의 공공기관의 임금체계 개편은 단순한 보수체계 개편이 아닌 임금체계 패러다임의 개편을 의미하기 때문에 이명박 정부와 박근혜 정부의 성과연봉제 및 임금피크제 도입처럼 기획재정부가 일방적으로 결정하여 가이드라인을 제시하는 것과 같은 방식이 아닌 사회적 대화 기구를 통한 사회적 합의에 기초해서 추진해야 한다. 사회적 대화 기구를 통한 논의만이 임금체계 개편을 둘러싼 사회적 행위자의 동의를 끌어내고 공공기관의 노사갈등과 피할 수 있는 유일한 방안이라고 할 수 있다.

둘째, 공공기관이 유형과 특성이 매우 달라서 공공기관의 직무급 임금체계 개편은 단기적 개혁과제가 아닌 장기적 개혁과제로 접근해야 한다는 점이다. 이와 관련하여 공공기관 임금체계 개편에 따른 사회적 비용(social cost)과 이득(benefit)에 대한 세밀한 분석이 요구된다. 이를 위해 사회적 대화 기구 산하에 영국과 같은 임금연구회를 설치 운영하는 방안에 대해서도 적극적으로 검토할 필요가 있다.

셋째, 공공기관의 임금체계 전환에 대한 사회적 공감대 형성 및 정책 방안 과정에서 공공기관 내부 구성원을 대상으로 임금체계 전환에 대해 사전에 충분히 설명하여 동의를 구하고, 사회적 공론화 과정이 필요하다. 이를 위해서는 현재 공공기관 간, 공공기관 내부의 임금 격차 문제부터 선행적으로 해소하기 위한 정책적 노력이 요구된다. 또한 공공기관 임금체계 개편과 함께 사회적 임금의 상한액과 하한액에 대한 사회적 동의 및 공감대 조성도 중요하다.

끝으로, 공공기관 임금체계 개편에 대한 대응 시나리오를 다음 몇 가지로 제시해 보고자 한다. 먼저, 1단계 시나리오는 5개 특수직종을 대상으로 한 표준임금체계 모델의 문제점을 세밀하게 검토하는 것이다. 이와 함께, 공공기관 간 및 기관 내부 임금 격차 해소를 위한 다양한 정책 대안을 모색하고 이에 대한 방안을 연구할 필요가 있다. 공공기관 임금체계 개편을 위한 2단계 시나리오는 공공기관 임금, 승진, 직무 체계에 대해 세밀하게 연구하고 분석하는 것이다. 2단계에서는 장기적 관점에서 직무, 승진, 임금체계 개편안을 모색할 필요가 있다. 3단계 시나리오는 공공기관 임금체계 전환 시 구체적인 대응 방안과 이에 대한 대비책을 세워두는 것이다.

이와 관련하여 분명한 것은 정치와 개혁의 성패는 정책 설계에 달려 있다는 점이다. 따라서 공공기관 임금체계 개편 및 직무급 도입에 앞에서 정부나 공공기관 모두 보다 사려 깊은 고민과 정책 대안에 관한 치열한 연구와 분석이 전제되지 않으면 안 된다. 특히 정부는 공공기관의 개별적 합리성(individual rationality)과 전체 사회적 합리성(social rationality)을 어떻게 조율해 나갈 것인가 하는 점에 대해 모두 많은 정책적 노력을 기울여야 할 것이다. 이를 위해 사회적 대화 기구를 통한 노정 정책협의 및 공공기관 노사 거버넌스 체제 구축이 시급히 요구된다. 문재인 정부 들어 다시 열린 개혁의 창을 적극적으로 활용하고 진정 노동존중사회로 나아가기 위해서는 공공기관이 어떻게 하면 개혁의 대상이 아닌 개혁의 동력으로 묶어세울 것인가 하는 치열한 정책적 고민이 필요한 때이다.

참고문헌

공공운수노조・'공공기관을 시민의 벗으로'. 2018. "공공기관 직무급제 도입, 공공성 강화와 양극화 해소 가능한가?". 정책토론회 자료집.
김동배. 2015. "공공부문 임금체계 개혁과 노사관계", 『노동리뷰』. 2015년 6월호, 한국노동연구원.
김훈・박준식. (2016). "공무원 임금 결정 제도와 운영에 대한 비판적 고찰". 『산업노동연구』, 22권 2호.
노광표. 2017. "공공부문 노동개혁 10대 과제- 공공기관을 중심으로". 『노동사회』, 194호 5.6.
라영재. 2016. "공공기관의 임금체계 개편 현황과 향후 쟁점", 『재정포럼』, 한국조세재정연구원, 2016년 4월호.
모주영. 2017. 「공공기관 임금정책 평가」. 국회예산정책처.
박태주・유병홍・노광표・이종선. 2019. 『공공기관 노정교섭』. 고려대학교 노동문제연구소. 백산서당.
배규식 외. 2017.「공공부문 주요 5개 직종의 임금체계와 직무 등급제의 표준화 모델 개발」. 노동부.
이성원・허식. 2007. "공공부문과 민간부문 간 임금격차에 관한 연구". 산업경제연구 춘계학술대회.
이승협・이원희・이주복. 2010.「공공기관 성과연동형 임금직무체계 매뉴얼」. 노무법인 하이에치알.
이종선. (2002). "한국의 신자유주의적 구조개혁과 노동시장 변화: 유연화의 패러독스".『한국사회학』, 제36집(2).
____. 2002.『DJ정부 구조개혁과 노동시장』. 백산서당.
전수연. 2014. "공공기관과 민간기업의 임금 비교 분석".『사업평가현안분석』, 제51호.

정동관. 2017. "공공부문 임금체계 현황과 과제". '『노동리뷰』, 9월호.

참여와 혁신. 2018. '한국노동연구원 공공부문 임금체계 공개토론회'. http://www.laborplus.co.kr.

채준호·정동관·이강수. 2017. 「공공부문 임금체계 개선방안 연구: 공기업 사례를 중심으로」. 한국노총 중앙연구원.

최대식. 2018.『공공기관 임금제도 쟁점과 과제: 임금체계와 통상임금을 중심으로』, 레인보우북스.

한종석. 2014. 「공공기관의 고용 및 임금안정성에 대한 실증분석」. 한국조세재정연구원.

홍주환. 1995. "공공부문 임금가이드라인 정책의 논리와 효과—정부투자기관을 중심으로".『노동사회』. 한국노동사회연구소.

황선자. 2004. 「공공부문의 임금결정체계와 개선방안」. 한국노총 중앙연구원.

찾아보기

(ㄱ)

「공공기관의 운영에 관한 법률」 27, 29
경영평가성과급　40, 69, 83, 87, 126, 128, 129, 131
고과 차등형 직무급　180
공공기관 부처별 평균보수　40
공공기관 비정규직 제로 시대　19
공공기관의 고용구조　34
공공기관의 노동조합 조직률　36, 99
공공기관의 노동조합 현황　37, 58, 99
공공기관의 임원 및 정규직 현원　34
공공기관의 직원 평균보수　38
국가공기업　29
급간 피치　72, 73, 118
기타공공기관　30, 31, 36, 45, 46, 49
기획재정부　20, 21, 23, 27, 29, 32, 35, 38, 42, 44, 149, 167, 175, 184

(ㄴ)

내부공정성　175
내부성과급　82, 83, 84, 126,
노동존중사회　18, 186

(ㄷ)

단일임금제　44, 46, 47
단일호봉제　46, 47, 48
동일가치노동 동일임금 원칙　44, 172, 175,

(ㅁ)

무기계약직　34, 35, 37, 45, 46, 56, 58, 96, 99, 100, 106, 113, 115, 117, 120, 126, 145
문재인 정부　3, 17, 18, 43, 183, 186

(ㅂ)

박근혜 정부　17, 43, 184
보수체계 개편 표준모델(안)　23

(ㅅ)

사회적 대화 기구　3, 178, 184, 185,

186

상대적 임금격차　91, 92

서열법　159, 170

성과연봉제　17, 42, 43, 70, 83, 92, 98, 128, 132, 136, 144, 168, 177, 184

승진인상　165, 166, 167

시험승진　64, 65

(ㅇ)

연공급 임금체계　19

연봉제　42, 44, 45, 71, 83, 88, 114, 117, 144,

외부공정성　175

이명박 정부　17, 184

일괄인상(base-up)　160, 165

임금밴드　72, 90, 118, 119, 132, 144, 160, 162, 163, 167, 169

임금피크제　17, 35, 59, 73, 101, 184

(ㅈ)

점수법　159, 170

준정부기관　29, 30, 36, 38, 42, 46, 49, 103,

직급별 호봉제　46, 48

직능급　149, 151, 173

직무급　3, 17, 19, 20, 22, 51, 68, 76, 84, 86, 92, 120, 136, 141, 146, 149, 153, 164, 16, 172, 183

직무역할급(직무급) 임금체계　149

직무평가　136, 137, 149, 155, 157, 170, 171

(ㅍ)

평가인상　165, 166, 167, 168

표준임금체계　44, 51, 52, 185

(ㅎ)

형평성 원칙　172, 175, 176

호봉제　3, 19, 20, 44, 47, 71, 114, 117, 118, 144, 168, 172, 177, 183

필자소개

이종선 고려대 노동문제연구소 부소장
고려대에서 사회학 박사학위를 받고 통일연구원, 한국직업능력개발원, 대통령비서실 사회정책비서관실에서 근무하였다. 대표 연구로 『DJ 정부의 구조개혁과 노동시장 변화』(2002), 『세계의 지역혁신체계』(2004, 공저), 『금융산업 2차 정규직』(2018, 공저) 등이 있다.

최용희 도심권 서울특별시 노동자종합지원센터 정책연구팀장
고려대에서 경제학 박사학위를 받고 고려대 노동문제연구소 연구위원을 역임하였다. 대표 연구로 『도심 제조업 노동 현황과 개선 방안』(2020, 공저), 『장시간 노동으로 인한 건강장해 및 과로사 예방방안』(2020, 공저), 『플랫폼 노동자 노동권익과 사회적 대화』(2020, 공저) 등이 있다.

장재규 서울시립대학교 경영대학 겸임교수
고려대에서 경영학 박사학위를 받고, IBS Consulting Company, 서울시립대학교에서 근무하였다. 대표 연구로 『간호인력 근무여건 분석 및 개선방안 연구』(2018), 『사회복지종사자 임금체계 개선방안 연구』(2019) 등이 있다.

노동학총서 5

공공부문 임금체계
- 현황과 개편방향 -

초판 제1쇄 펴낸날 : 2020. 12. 31

지은이 : 이종선·장재규·최용희

펴낸이 : 김 철 미

펴낸곳 : 백산서당

등록 : 제10-42(1979.12.29)
주소 : 서울 은평구 통일로 885(갈현동, 준빌딩 3층)
전화 : 02)2268-0012(代)
팩스 : 02)2268-0048
이메일 : bshj@chol.com

※ 저작권자와의 협의 아래 인지는 생략합니다.

값 18,000원

ISBN 978-89-7327-691-2   93330